Reconectando con tu Niño Interior

UN VIAJE DE SANACIÓN Y AUTODESCUBRIMIENTO
VUELVE A TI MISMO CON AMOR Y SABIDURÍA

Yolanda Rodríguez-Villagómez

Reservados todos los derechos. No se permite la reproducción total o parcial de esta obra, ni su incorporación a un sistema informático, ni su transmisión en cualquier forma o por cualquier medio (electrónico, mecánico, fotocopia, grabación u otros) sin autorización previa y por escrito de los titulares del copyright. La infracción de dichos derechos puede constituir un delito contra la propiedad intelectual.

El contenido de esta obra es responsabilidad del autor y no refleja necesariamente las opiniones de la casa editora. Todos los textos e imágenes fueron proporcionados por el autor, quien es el único responsable por los derechos de los mismos.

Publicado por Ibukku, LLC
www.ibukku.com
Diseño de portada: Ángel Flores Guerra B.
Diseño y maquetación: Diana Patricia González Juárez
Copyright © 2024 Yolanda Rodríguez-Villagómez
ISBN Paperback: 979-8-89727-102-3
ISBN Hardcover: 979-8-89727-104-7
ISBN eBook: 979-8-89727-103-0

Índice

DEDICATORIA	13
PRÓLOGO	15
INTRODUCCIÓN	17
Bienvenidos al Viaje	17
¿Por qué reconectar con tu niño interior?	17
Reflexión	19
Como usar este libro	20
CAPÍTULO 1 ¿Quién es tu Niño Interior?	23
Características del Niño Interior	23
Importancia del Niño Interior	24
Como ese "niño" representa nuestros sentimientos, impulsos y necesidades que a veces hemos bloqueado o reprimido.	24
¿Por qué bloqueamos o reprimimos al Niño Interior?	25
Ejemplos de manifestaciones del Niño Interior en la vida adulta	25
La Importancia de sanar y cuidar al Niño Interior	26
Reconociendo al Niño Interior	27
La voz del niño Interior: Escuchando sus necesidades	27
La importancia de validar al Niño Interior	28
El Niño Interior y el juego: Recuperando la alegría de vivir	28
Los beneficios de sanar el Niño Interior	28
La práctica diaria de cuidar al Niño Interior	29
CAPÍTULO 2 Identificando las Heridas de la Infancia	31
¿Como las experiencias de la infancia pueden crear 'heridas emocionales" en el niño interior?	31
Principales heridas emocionales y su impacto	32
Como se graban las heridas en el Niño Interior	33
Manifestaciones de las heridas en la vida adulta	33
Sanación de las heridas emocionales	34
Reconociendo las heridas a través de los patrones repetitivos	35
El papel de las creencias limitantes	36
Reprogramación y sanación del niño interior	37
Ejercicios adicionales para sanar y recordar el niño interior	38

CAPÍTULO 3 Entendiendo la Voz del Niño Interior — 39

Como el Niño Interior se comunica con nosotros a través de emociones, reacciones y deseos — 39
Señales de que el Niño Interior necesita atención o sanación — 40
Actividad: Escribir una carta desde la perspectiva del niño interior sobre cómo se siente — 41
Reconociendo la importancia de la voz del niño interior — 42
¿Por qué es importante escuchar al niño interior? — 42
Como reconocer las señales del niño interior — 43
Como desarrollar una relación más profunda con el niño interior — 44
Actividad adicional: Un día con tu niño interior — 45

CAPÍTULO 4 Liberando el Dolor y Abrazando el Perdón — 47

La importancia del perdón y el soltar resentimientos del pasado — 47
¿Por qué es tan difícil perdonar? — 47
Técnicas para liberar emociones reprimidas — 47
Ejercicio del perdón: Carta de perdón al niño interior o a las figuras que impactaron en la infancia — 48
Liberando emociones reprimidas y sanando el niño interior — 50
Estrategias para liberar las emociones reprimidas — 50
El perdón hacia uno mismo — 51
Cómo practicar el perdón hacia uno mismo — 52
Cerrando el ciclo de sanación: El perdón completo — 52
Ejercicio final: La carta de perdón al niño interior o a una figura importante — 52

CAPÍTULO 5 Despertando la Creatividad y Alegría del Nino Interior — 55

Reconectar con las actividades que traen gozo y espontaneidad — 55
Ejercicios prácticos de creatividad — 55
La importancia de practicar hobbies y actividades solo por el placer de hacerlas — 56
Abrazar la creatividad infantil — 57
Profundizando en la práctica del amor propio — 57
Pensamiento final — 59
El amor propio como una práctica de toda la vida — 59
Reflexión final — 62

CAPÍTULO 6 Cultivando el Amor Propio y la Autoaceptación — 63

Como aprender a cuidar de ti mismo desde la perspectiva del adulto consciente — 63
Herramientas para desarrollar amor propio — 63
Ejercicio de visualización: Abrazando al niño Interior — 64
La importancia del amor propio en el proceso de sanación — 65

CAPÍTULO 7 La Integración del Niño Interior en la Vida Diaria   71
   Como mantener una conexión con el niño interior en la vida cotidiana   71
   Practicas diarias para escuchar y honrar al niño interior   72
   Ejercicio de afirmaciones: Crear un mantra para tu niño interior   73
   Integrando al niño interior en el flujo de la vida   73
   Reconociendo las señales de desconexión del niño interior   74
   Crear una rutina para el cuidado del niño interior   75
   Prácticas diarias para cuidar de tu niño interior: 75
   Profundizando la conexión con el niño interior   75
   Crear una visión para el futuro con tu niño interior   76
   Vivir en armonía con tu niño interior   77

CAPÍTULO 8 Transformando los Relacionamientos a través de la Sanación del Niño Interior   79
   Como la conexión entre el niño interior impacta nuestras relaciones   79
   Consejos para una comunicación honesta y autentica, reconociendo vulnerabilidades   79
   Transformando patrones en relaciones   80
   Actividad: Explorando el niño interior y tus relaciones   80
   Integrando al Niño Interior en las relaciones   81
   Relaciones en Armonía   81
   Transformando los relacionamientos a través de la sanación del niño interior   82

CAPÍTULO 9 La Relación con Nuestros Padres   85
   La influencia de las dinámicas familiares en el Niño Interior   85
   Comprender y sanar la relación con los padres   85
   Ejercicio: Reflexión a través de cartas o dibujos   86
   Técnicas para trabajar la sanación interna   86
   Afirmaciones para sanar la relación con los padres   87
   Reescribiendo la relación con los padres   87
   Dinámicas familiares y su impacto en las creencias del Niño Interior   87
   Reconociendo los roles familiares y sus efectos   88
   Transformando heridas a través de la compasión   88
   Actividades para profundizar en la relación con los padres   89
   Reconstruyendo la relación con los padres en la adultez   89
   Afirmaciones para cultivar una relación sana con los padres   90
   Reflexión final: Sanar la relación con nuestros padres   90

CAPÍTULO 10 La Influencia de la Sociedad y la Cultura   91
    Las presiones sociales y culturales: Moldeando al Niño Interior   91
    Identidad y pertenencia: Impacto en la autoimagen   92
    Actividades para identificar y transformar creencias culturales   92
    Afirmaciones para liberarse de la influencia cultural negativa   94
    La sociedad como una herramienta de crecimiento   94
    Comprendiendo el papel de los cambios culturales en el niño interior   94
    Las necesidades del niño interior en relación con la condición social   95
    Reconectando con el niño interior más allá de las expectativas culturales   95
    Reflexiones finales sobre el impacto de la sociedad y la cultura   97

CAPÍTULO 11 Nutriendo al Niño Interior a través de Relaciones Adultas   99
    Construyendo relaciones sanas: Un refugio para el Niño Interior   99
    Comunicando necesidades emocionales   100
    Ejercicio: Crea un "Mapa de Apoyo" que incluya personas que nutren al Niño Interior   101

CAPÍTULO 12 El Poder del Juego en la Vida Adulta   103
    Superando las barreras para jugar   105

CAPÍTULO 13 Creando un Espacio Seguro para el Niño Interior   107
    Cultivando un entorno seguro: Mas allá del hogar   107
    Rituales avanzados de autocuidado   108
    Abrazando la vulnerabilidad del niño interior   110

CAPÍTULO 14 Cuando el Niño y el Adulto se Unen, Nace la Libertad   111
    La Falsa Separación   111
    ¿Qué significa unir al niño con el adulto?   111
    El error de pensar que crecer es olvidar   112
    El niño herido que vive en ti   112
    El adulto que puede rescatar   112
    La libertad como resultado de la unión   113
    Ejercicio para practicar la unión   113
    El ego se debilita, el alma se expresa   113
    Ejercicio práctico: Carta de integración   114
    El reencuentro más importante de tu vida   114
    Como se manifiesta la desconexión   114
    Sanar no es vivir en el pasado, es abrazarlo   115
    Tu niño interior es la puerta a tu autenticidad   115
    Práctica de 5 minutos que puede cambiar tu vida   115
    El alma unificada   116

CAPÍTULO 15 Testimonios de Sanación del Niño Interior   117
    Historias de transformación   117
    Lecciones aprendidas   118
    Ejercicio: Tu testimonio personal   119

CAPÍTULO 16 Mitos y Realidades sobre el Niño Interior.   123
    La Influencia del Niño Interior en la Vida Adulta   123
    El Proceso de Sanación del Niño Interior   124
    La Curación a Través de la Creatividad: 124
    Cómo Continuar el Trabajo con el Niño Interior: 125

CAPÍTULO 17 La Importancia de la Comunidad   127
    La Fuerza colectiva en la sanación del Niño Interior   127
    Beneficios de Participar en Talleres y Grupos de Apoyo: 128
    Creando un Espacio de Apoyo Propio   129
    Ejercicio: Conectar con otras personas que están trabajando en su Niño Interior a través de un grupo o un círculo de apoyo.   130

CAPÍTULO 18 La Conexión entre el Niño Interior y la Salud Mental   131
    Comprendiendo las Causas Raíz de los Desafíos de Salud Mental   131
    Abordando el Dolor Emocional No Resuelto   132
    El Rol de la Terapia en la Sanación del Niño Interior   133
    La Importancia de Construir un Sistema de Apoyo   133
    Crear un Plan de Salud Mental Enfocado en la Sanación del Niño Interior   134
    Ejercicio; Crear un Plan de Autocuidado Enfocado en la Salud Mental y la Sanación del Niño Interior   135

CAPÍTULO 19 La Creatividad como Herramienta de Sanación   137
    Explorando la Creatividad   137
    Beneficios de la Creatividad en la Sanación del Niño Interior: 137
    Ejercicio: Crear un Proyecto Artístico que Represente la Relación Actual con el Niño Interior   138

CAPÍTULO 20 El Niño Interior y la Espiritualidad   141
    La espiritualidad y el Niño Interior   141
    Prácticas Espirituales para Honrar al Niño Interior   141
    Ejercicio: Crear un Ritual Personal para Conectar con el Niño Interior a Través de la Espiritualidad   142

CAPÍTULO 21 La Importancia del Silencio y la Reflexión   145
    El poder del silencio   145
    Prácticas de silencio   145
    La voz del niño interior a través del silencio   148
    Ejercicio: Practica de silencio y reflexionar sobre lo que el niño interior tiene que decir   149

CAPÍTULO 22 El Niño Interior en las Relaciones Amorosas   **151**
    Como el Niño Interior impacta nuestras relaciones   151
    Construyendo Relaciones Saludables   151
    El Impacto de las Heridas No Sanadas de la Infancia   152
    Sanando el Niño Interior para el Crecimiento de la Relación   153
    Construyendo Resiliencia Emocional en las Relaciones   154
    Cómo el Niño Interior Se Manifiesta en la Intimidad   155
    Ejercicio: Analizando Patrones en Relaciones Pasadas y Reflexionando sobre Cómo se ha Manifestado el Niño Interior   156

CAPÍTULO 23 La Resiliencia del Niño Interior   **159**
    Fortaleza y Resiliencia: Cómo el Niño Interior Puede Ser una Fuente de Fortaleza en Tiempos Difíciles   159
    Historias de Resiliencia: Ejemplos de Cómo la Conexión con el Niño Interior ha Ayudado a Superar Desafíos   159
    Ejercicio: Identificar Momentos en la Vida en los que el Niño Interior ha Mostrado Resiliencia   160
    Fortaleza del Niño Interior en la Adultez: ¿Cómo Podemos Aplicar su Resiliencia Hoy?   162
    La Resiliencia a Través de los Ojos del Niño Interior   162
    Ejemplos de Resiliencia del Niño Interior en Diferentes Ámbitos de la Vida 163
    Ejercicio Práctico: Conectando con la Resiliencia del Niño Interior   163
    La Fuerza que Viene del Niño Interior   164

CAPÍTULO 24 La Alegría de la Improvisación   **165**
    La Importancia de la Improvisación: Fomentando la Espontaneidad y la Alegría en la Vida Diaria   165
    Actividades de Improvisación: Ejercicios y Juegos para Invitar a la Espontaneidad y el Juego Libre   165
    Ejercicio: Participa en una Actividad de Improvisación y Reflexiona sobre la Experiencia   167
    El Poder Sanador de la Espontaneidad y el Juego   168
    La Improvisación como un Camino hacia la Resiliencia Emocional   168
    Improvisación y el Estado de Flujo   168
    La Improvisación en la Vida Cotidiana: Trayendo Más Juego a Tu Rutina   169
    El Espíritu Infantil de la Improvisación   170
    Cómo la Improvisación Mejora la Creatividad y la Innovación   170
    Devolver la Alegría a Nuestras Vidas   170

CAPÍTULO 25 El Niño Interior y la Autenticidad   171
    Ser autentico: Como el Niño Interior nos conecta con nuestra verdadera
    esencia   171
    Desafiando las máscaras sociales; Estrategias para desprenderse de las
    expectativas externas y vivir auténticamente   172
    Ejercicio: Escribir sobre momentos en que se sintieron auténticos y como
    pueden honrar a su Niño Interior   173
    La importancia de vivir de manera autentica   174
    Como el Niño Interior nos ayuda a ser auténticos   174
    Las máscaras sociales: ¿Por qué las usamos?   175
    Estrategias para desprenderse de las máscaras y vivir auténticamente   175
    El Niño Interior como guía para la autenticidad   176
    Ejercicio: Reconociendo el valor de la autenticidad   176

CAPÍTULO 26 La Contribución del Niño Interior a la Vida Profesional   179
    El impacto del Niño Interior en la carrera: como las experiencias infantiles
    pueden influir en nuestras elecciones profesionales   179
    Fomentar la creatividad en el trabajo: Estrategias para integrar el juego y la
    creatividad en la vida laboral   180
    Ejercicio: Reflexionar sobre como el Niño Interior puede ser una fuente de
    inspiración en la carrera   181

CAPÍTULO 27 La Celebración del Niño Interior   183
    La importancia de celebrar: Reconocer y celebrar los logros y momentos
    significativos de la vida   183
    Rituales de celebración: Ideas para crear rituales que honren al Niño Interior y
    su alegría   184
    Ejercicio: Planificar una celebración personal que incorpore elementos del niño
    interior   185
    La Importancia de celebrar   186
    Rituales de celebración   187
    Ejercicio: Planificar una celebración personal   187

RECOMENDACIONES   189

CONCLUSIÓN   193

APÉNDICE   195

BIBLIOGRAFÍA   199

ACERCA DEL AUTOR   201

COLOFÓN   203

Este libro está dedicado a la sanación y el autodescubrimiento. Su contenido se ofrece únicamente con fines educativos e inspiracionales y no sustituye el consejo profesional, médico o psicológico.

DEDICATORIA

A aquel momento especial, hace muchos años, cuando escuché el **Padre Nuestro en Arameo**, una experiencia que encendió en mí el despertar de la conciencia y me mostró el camino hacia la luz interior.

A mi constancia y disciplina, por guiarme en el trabajo profundo de mi ser y enseñarme que **creer es el primer paso para ver**.

A mi madre, **Julia**, quien partió en 2012 pero sigue siendo mi guía en los sueños y las meditaciones, brindándome mensajes llenos de amor y sabiduría que fortalecieron mi fe en lo invisible y me recordaron que lo increíble es posible.

A **mi hijo y a mi esposo**, por sus consejos, su apoyo incondicional y su ayuda en la revisión de este libro, siendo pilares esenciales en este proyecto nacido del corazón.

A mis amigos y conocidos, cuyas vidas y experiencias inspiraron estas páginas.

Y, sobre todo, a cada experiencia de mi infancia que me llevó a **reconectar con mi niña interior**, mostrándome que en cada desafío se esconde la semilla de la transformación.

Finalmente, gracias a ti, lector, por abrir estas páginas y permitirte explorar tu propia conexión con tu niño interior. Este libro es para ti, y espero que en él encuentres herramientas y consuelo para transformar tu vida desde el amor y la compasión.

Con amor,
Yolanda Rodríguez-Villagómez

PRÓLOGO

A lo largo de nuestra vida, cada uno de nosotros lleva consigo a un niño interior, esa parte pura y vulnerable que guarda nuestras primeras emociones, experiencias y recuerdos. Aunque con el tiempo solemos olvidar su existencia, sigue siendo una presencia silenciosa que influye en nuestras decisiones, relaciones y en la manera en que nos enfrentamos al mundo. El niño interior es mucho más que un concepto psicológico; es una parte esencial de nuestro ser, con un inmenso potencial para la sanación, la creatividad y la alegría.

Este libro nace del deseo de acompañarte en un viaje de reconexión con esa parte fundamental de ti mismo. A través de sus páginas, descubrirás herramientas prácticas, ejercicios y reflexiones diseñadas para ayudarte a sanar las heridas del pasado y liberar todo el potencial que tu niño interior tiene para ofrecerte. La sanación del niño interior no es un proceso lineal ni sencillo, pero es una de las experiencias más transformadoras que podemos vivir. Al sanar a nuestro niño interior, podemos restablecer el equilibrio emocional, recuperar nuestra autenticidad y aprender a vivir con mayor amor y compasión.

Al leer este libro, te invito a abrir tu corazón y tu mente a la posibilidad de sanar lo que una vez fue herido. El niño interior no solo guarda el dolor de nuestras experiencias pasadas, sino también la chispa de la alegría, la espontaneidad y la creatividad que, si la dejamos florecer, puede transformar nuestra vida en todos los aspectos.

Desde que nacemos, estamos en contacto con una parte de nosotros mismos que es pura, libre de juicios y llena de potencial: nuestro niño interior. Sin embargo, a medida que crecemos y nos enfrentamos a las adversidades de la vida, esa parte suele quedar olvidada o ignorada. Con sus heridas y su inocencia, el niño interior sigue presente en nosotros, esperando ser reconocido, escuchado y sanado.

Te agradezco por tomar el primer paso en este proceso de reconexión. Que este libro sea una guía amable y compasiva en tu camino hacia la sanación, la autenticidad y, sobre todo, el amor hacia ti mismo.

En este libro, "Reconectando con tu Niño Interior: Un Viaje de Sanación y Autodescubrimiento", te invito a emprender un viaje hacia lo más profundo de ti mismo, para descubrir, abrazar y sanar a tu niño interior. A lo largo de las páginas, exploraremos cómo nuestras experiencias de la infancia impactan nuestra vida adulta y cómo podemos liberarnos de patrones y creencias limitantes. A través de ejercicios, meditaciones y reflexiones, aprenderás a reconectar con esa parte de ti que guarda la clave para tu autenticidad, creatividad y felicidad.

El proceso de sanación no siempre es fácil, pero es profundamente liberador. Al sanar a nuestro niño interior, podemos liberar viejos traumas, recuperar la alegría de vivir y dar paso a una vida más plena y consciente. Te invito a que te permitas ser vulnerable, a que abras tu corazón y a que confíes en el poder transformador de este viaje de autodescubrimiento.

Gracias por embarcarte en este viaje. Que cada paso te acerque más a la reconciliación con tu niño interior y te ayude a descubrir la versión más completa y amorosa de ti mismo. Este libro es solo el comienzo de una hermosa aventura hacia la sanación y el crecimiento personal.

INTRODUCCIÓN

Bienvenidos al Viaje

Hoy comienzas un viaje profundo hacia las partes más tiernas y vulnerables de tu ser. Este libro está diseñado para guiarte en el proceso de sanación y reconexión con tu niño interior, esa versión de ti que aún habita dentro y que guarda los recuerdos, sueños y emociones de tu infancia. Reconectar con esta parte esencial de ti mismo no solo es un acto de amor, sino también una herramienta poderosa para transformar tu vida.

Imagina por un momento a tu niño interior. Tal vez lo ves lleno de curiosidad, con una chispa de alegría en los ojos. O quizás lo encuentras escondido, herido o lleno de preguntas. Sea cual sea su estado, él o ella está esperando que le tomes de la mano y lo escuches. Este viaje no será lineal ni perfecto, pero te aseguro que cada paso vale la pena. ¡Estás en el lugar correcto y en el momento perfecto para comenzar!

¿Por qué reconectar con tu niño interior?

A menudo, los retos emocionales que enfrentamos como adultos tienen raíces en nuestra infancia. Experiencias no resueltas, creencias limitantes y heridas emocionales se convierten en bloqueos que nos impiden vivir con autenticidad y plenitud. Reconectar con tu niño interior es una invitación a sanar esas heridas y recuperar la alegría, la creatividad y la espontaneidad que tal vez has dejado de lado.

Al cuidar y nutrir a tu niño interior, también fortaleces tu relación contigo mismo. Aprendes a amarte en tus momentos de vulnerabilidad y a reconquistar partes de ti que podrían haber quedado olvidadas. Este trabajo tiene un impacto transformador no solo en tu vida personal, sino también en tus relaciones, tu propósito y tu bienestar general.

Reconectar con tu niño interior también abre la puerta a una mayor comprensión y compasión hacia los demás. Cuando sanas tus heridas, también contribuyes a sanar el mundo que te rodea. Es un acto de valentía y de amor que puede cambiar todo.

Todos llevamos dentro a un niño: un niño lleno de sueños, de deseos, de inocencia y de una capacidad infinita para la alegría. Sin embargo, con el tiempo, las experiencias de la vida tienden a cubrir a este niño con capas de dolor, miedo, y expectativas ajenas. Sin darnos cuenta, comenzamos a desconectarnos de esa parte esencial de nosotros mismos, y muchas veces, buscamos la aprobación en el exterior sin recordar la fuente de amor y poder que reside en nuestro interior.

"Reconectando con tu Niño Interior: Un Viaje de Sanación y Autodescubrimiento" es un llamado a regresar a ese lugar profundo y olvidado, donde reside la esencia más pura de lo que somos. Este libro es una guía para emprender un viaje de sanación, explorando cómo nuestras experiencias infantiles han dado forma a nuestra vida adulta, y cómo podemos sanar esas heridas para recuperar nuestra verdadera esencia.

El **niño interior** representa la parte de nosotros que guarda las emociones, creencias y experiencias que absorbimos durante la infancia. Es una presencia simbólica que refleja nuestro yo más puro y vulnerable, donde se formaron las primeras impresiones y respuestas hacia el mundo. Este niño interior no es una personalidad separada, sino un aspecto fundamental de nuestra identidad emocional, que influye en cómo nos relacionamos con nosotros mismos y con los demás.

El niño interior es crucial para el desarrollo emocional, ya que contiene las raíces de nuestra autoestima, nuestro sentido de merecimiento y nuestra capacidad de confiar y conectarnos. Reconocer y sanar al niño interior nos permite abordar emociones no resueltas y necesidades insatisfechas desde los primeros años de vida, ayudándonos a construir una relación más saludable y compasiva con nosotros mismos, así como a crear relaciones más fuertes y satisfactorias con los demás.

Les comparto mi historia sobre la importancia de conectar con esa parte vulnerable y auténtica de uno mismo.

Crecí siendo la única hija mujer y la menor de la familia. Mi madre siempre estaba cerca, cuidándome y brindándome cariño, pero a veces sentía que me envolvía con tanta protección que parecía que el mundo exterior era un lugar peligroso. Mi padre estaba presente físicamente, pero no era la figura amorosa y protectora que yo deseaba. Aunque sabía que él me quería, nunca sentí ese vínculo profundo que imaginaba en una relación padre-hija. Así, crecí bajo la mirada constante de mi madre, sin experimentar plenamente la sensación de protección y amor equilibrado de ambos padres.

Años más tarde, ya en la adultez, comencé a sentir que algo faltaba en mi vida. A pesar de tener logros, amigos y metas alcanzadas, dentro de mi había una tristeza inexplicable, una sensación de inseguridad y un anhelo de algo que no podía identificar. Decidí iniciar un proceso de sanación emocional, y fue entonces cuando una terapeuta me ayudó a conectar con mi niña interior.

En una de las sesiones, la terapeuta me pidió que imaginara a mi "yo" de cinco años, una niña con ojos llenos de esperanza que miraba a su alrededor buscando alguien que la protegiera y le mostrara el mundo con confianza. Esta niña llevaba dentro de sí tanto amor por compartir, pero también miedo, porque siempre sintió que su única fuente de cariño era su madre. La figura de su padre, que había sido una presencia distante, permanecía en ella como una especie de vacío que me acompañaba.

Con el tiempo, comencé a cuidar de esa niña interior. Cada día, visualizaba a mi niña y le hablaba con amor, diciéndole que yo estaba allí para protegerla. Le explicaba que, aunque en mi infancia no siempre sintió el amor y el apoyo de su padre, ahora, como adulta, podía abrazarla y protegerla con todo el amor y cuidado que siempre había anhelado.

Esta reconexión me transformó. Descubrí que, al abrazar a mi niña interior y brindarle amor y seguridad, podía empezar a soltar el peso de la tristeza que llevaba conmigo. Aprendí a ser más amable conmigo misma, a darme permiso para explorar la vida sin miedo, y a no depender únicamente de la sobreprotección para sentirme segura. En este proceso, incluso empecé a ver a mi padre bajo una nueva luz, entendiendo sus limitaciones y aceptando que, aunque su amor no se expresó de la manera que yo necesitaba, era parte de mi historia y podía reconciliarme con eso.

Reflexión

Mi historia nos muestra que, al sanar la relación con nuestro niño interior, podemos liberarnos de las creencias limitantes y experiencias de la infancia que influyen en nuestra vida adulta. Este renacer interior me permitió encontrar el equilibrio, el amor propio y la seguridad que siempre había buscado, fortaleciendo mi capacidad de vivir de manera más plena y genuina.

A través de este viaje, aprenderás a escuchar la voz de tu niño interior, a entender sus heridas y a abrazarlo con amor y compasión. A lo largo de los capítulos, te proporcionaré herramientas prácticas, ejercicios y visualizaciones que te permitirán reconectar con esa parte de ti que merece ser sanada, respetada y celebrada. Este proceso de sanación no solo es necesario para resolver los traumas del pasado, sino que también abre la puerta a una vida más plena, auténtica y conectada con el presente.

Este libro no es solo para quienes buscan sanar sus heridas emocionales, sino también para aquellos que desean volver a experimentar la magia de la vida desde la perspectiva de un niño: con asombro, alegría y libertad. A medida que avances en tu viaje de reconexión, descubrirás que tu niño interior no es solo un reflejo del pasado, sino una fuente viva de creatividad, sabiduría y amor incondicional.

Te invito a que te permitas explorar y sanar, a que encuentres paz en el proceso y, sobre todo, a que te des la oportunidad de volver a ser tú mismo, en su forma más auténtica y libre. Al reconectar con tu niño interior, te abrirás a un futuro lleno de posibilidades y crecimiento, abrazando cada paso como parte del viaje hacia tu sanación y autodescubrimiento.

Este es tu momento. Este es tu viaje. Bienvenido a la reconexión con tu niño interior.

Como usar este libro

Este libro está organizado de manera que puedas avanzar a tu propio ritmo. Cada capítulo incluye reflexiones, ejercicios y herramientas prácticas diseñadas para ayudarte a explorar y sanar tu relación con tu niño interior. Aquí tienes algunas recomendaciones para aprovechar al máximo este recurso:

1. **Dedica tiempo y espacio.** Encuentra momentos tranquilos para leer y realizar los ejercicios sin distracciones. Este es un acto de amor propio, así que permítete priorizarlo.

2. **Lleva un diario.** Registrar tus pensamientos y sentimientos durante este proceso te ayudará a profundizar en tus descubrimientos y a observar tu progreso.

3. **Avanza a tu propio ritmo.** No hay prisa. Algunos capítulos podrán resonar más profundamente que otros, y eso está bien. Permítete regresar a los temas que necesites explorar con más detalle.

4. **Practica la compasión contigo mismo.** Este viaje puede traer a la superficie emociones intensas. Recuerda que no estás solo y que cada paso, por pequeño que parezca, es un avance hacia tu sanación.

5. **Comparte si te sientes llamado.** Hablar con personas de confianza sobre lo que estás experimentando puede ser de gran apoyo. También podrías encontrar comunidades o grupos que estén realizando un trabajo similar.

Estás a punto de embarcarte en un camino de autodescubrimiento y transformación. Cada página está escrita con la intención de acompañarte amorosamente en este proceso. Adelante, el niño interior que habita en ti está listo para reencontrarse contigo.

CAPÍTULO 1
¿Quién es tu Niño Interior?

El niño interior es una parte fundamental de nuestra psique que representa nuestra esencia más pura, nuestros sentimientos, impulsos y necesidades emocionales. Aunque comúnmente lo asociamos con la infancia, el niño interior sigue estando presente en nosotros a lo largo de nuestra vida adulta, influyendo en nuestras decisiones, emociones y comportamientos.

Este capítulo tiene como objetivo explorar quién es el niño interior, por qué es tan importante para nuestro bienestar emocional y cómo su sanación y cuidado son esenciales para vivir de manera más plena y auténtica.

Características del Niño Interior

El niño interior representa la parte de nosotros que conserva las cualidades y emociones propias de nuestra infancia, tales como la inocencia, la creatividad, la espontaneidad y la vulnerabilidad. Al igual que un niño, el niño interior tiene una conexión directa con nuestras emociones más profundas y nuestras necesidades más esenciales, tales como el amor, la protección, la aceptación y la seguridad.

Entre sus características más comunes, se incluyen:

- **Inocencia**: El niño interior es puro, libre de juicios y preconceptos, y ve el mundo con ojos llenos de asombro.

- **Vulnerabilidad**: Al igual que un niño, esta parte de nosotros es sensible, puede sentirse herida fácilmente y necesita ser protegida y cuidada.

- **Creatividad**: El niño interior está relacionado con la espontaneidad y la imaginación. Es la fuente de nuestra capacidad para disfrutar del juego y la diversión.

- **Necesidad de amor y pertenencia**: Busca ser amado, aceptado y reconocido. Necesita un ambiente seguro para prosperar.

- **Impulsividad y emoción:** Las emociones del niño interior son genuinas y directas, sin la mediación de la razón o los filtros sociales.

Importancia del Niño Interior

El niño interior no es solo un recuerdo del pasado; es una parte viva de nuestra psique que influye de manera constante en cómo experimentamos la vida adulta. Este niño simboliza nuestra capacidad de ser auténticos, de disfrutar del presente y de conectarnos con nuestras emociones más genuinas. También representa las heridas emocionales no sanadas en la infancia y que, si no se abordan, pueden seguir afectando nuestra vida de maneras inesperadas.

Sanar el niño interior nos permite recuperar el acceso a nuestra creatividad, alegría y energía vital. Cuando el niño interior está herido o ignorado, podemos experimentar dificultades emocionales o psicológicas, como ansiedad, depresión, baja autoestima o problemas en las relaciones.

Como ese "niño" representa nuestros sentimientos, impulsos y necesidades que a veces hemos bloqueado o reprimido.

Este niño interior guarda nuestras emociones más puras y auténticas, incluyendo aquellas que hemos bloqueado o reprimido a lo largo de los años. Cuando somos niños, no siempre sabemos cómo manejar nuestras emociones, por lo que a veces las reprimimos para sobrevivir en un entorno que no las valida o comprende. A medida que crecemos, estas emociones no procesadas permanecen en nuestro interior, esperando ser reconocidas y liberadas.

Por ejemplo, si en la infancia experimentamos un dolor emocional profundo, como el rechazo o la crítica, y no tuvimos el espacio adecuado para procesarlo, esas emociones se almacenan en nuestro niño interior. En la adultez, estas emociones reprimidas pueden manifestarse de manera desproporcionada a través de reacciones intensas, miedo o ansiedad, a menudo sin una causa evidente.

El niño interior también está relacionado con los impulsos y deseos que hemos aprendido a ignorar debido a las normas sociales o las expectativas familiares. Estos impulsos pueden ser creativos, sexuales o emocionales. Al sanar a nuestro niño interior, podemos empezar a revalidar estos impulsos y deseos, integrándolos de manera saludable en nuestra vida adulta.

¿Por qué bloqueamos o reprimimos al Niño Interior?

El niño interior a menudo es bloqueado o reprimido debido a las expectativas sociales y familiares, los traumas no procesados o el deseo de adaptarse a las normativas de la vida adulta. A medida que crecemos, nos enseñan a "ser serios", a controlar nuestras emociones y a actuar de acuerdo con ciertos estándares de comportamiento. Esto puede llevarnos a desconectar de nuestras emociones auténticas y de la espontaneidad que caracteriza a nuestro niño interior.

Algunos de los principales motivos por los cuales bloqueamos o reprimimos al niño interior incluyen:

1. **Traumas emocionales**: Cuando enfrentamos situaciones dolorosas, como abuso, negligencia o rechazo, puede llevarnos a reprimir las emociones asociadas para protegernos del dolor.

2. **Expectativas sociales**: La sociedad enseña que ciertas emociones o comportamientos no son apropiados para los adultos, como la vulnerabilidad o la necesidad de cuidado.

3. **Presión familiar**: En algunas familias, los estándares rígidos y las normas estrictas pueden hacer que el niño interior se sienta rechazado o incomprendido, creando una desconexión emocional.

4. **Miedo al juicio o al fracaso**: A medida que crecemos, el miedo al juicio o a la crítica puede llevarnos a suprimir nuestras emociones auténticas, lo que a su vez causa la represión de nuestro niño interior.

Ejemplos de manifestaciones del Niño Interior en la vida adulta

Cuando las heridas emocionales de la infancia no se sanan, el niño interior puede manifestarse en la vida adulta de diversas maneras. Algunas de las manifestaciones más comunes incluyen:

1. **Reacciones emocionales desproporcionadas**: Cuando una situación menor provoca una reacción emocional intensa, como ira, tristeza o miedo, esto puede ser una manifestación de una herida no sanada del niño interior.

2. **Baja autoestima**: Si el niño interior no recibió el amor o la validación que necesitaba, puede manifestarse en una falta de confianza en

uno mismo, sentimientos de no ser suficiente o la constante necesidad de aprobación externa.

3. **Comportamientos autodestructivos**: Los comportamientos autodestructivos, como el abuso de sustancias, el sabotaje de relaciones o el rechazo de oportunidades, pueden ser un reflejo de un niño interior herido que no se siente digno de amor o éxito.

4. **Dificultades en las relaciones**: Las personas con un niño interior herido pueden tener dificultades para confiar en los demás, establecer límites saludables o mantener relaciones afectivas saludables. El miedo al abandono o al rechazo puede hacer que eviten la intimidad.

5. **Miedos irracionales**: El niño interior puede manifestarse a través de miedos que no tienen una base lógica en el presente, como el miedo al abandono, el miedo a la crítica o el miedo a no ser suficiente.

La Importancia de sanar y cuidar al Niño Interior

La importancia de sanar y cuidar al niño interior es crucial para alcanzar un bienestar emocional y mental pleno. Al reconectar con nuestro niño interior y ofrecerle el amor, la protección y la validación que no recibió en su momento, podemos liberar viejos traumas y creencias limitantes que afectan nuestra vida.

La sanación del niño interior nos permite:

- **Recuperar la autenticidad**: Nos ayuda a reconectar con nuestra esencia más pura, libre de las máscaras que hemos creado para enfrentar el mundo exterior.

- **Sanar heridas emocionales**: Al ofrecer cuidado y amor al niño interior, podemos comenzar a sanar las heridas emocionales del pasado.

- **Fomentar una mayor felicidad y creatividad**: Al liberar a nuestro niño interior, experimentamos más alegría, espontaneidad y creatividad, lo que nos permite disfrutar de la vida de manera más plena.

- **Mejorar nuestras relaciones**: Sanar al niño interior nos permite tener relaciones más saludables y genuinas, basadas en el amor, el respeto y la aceptación mutua.

El cuidado del niño interior es una práctica continua que nos invita a ser más compasivos con nosotros mismos, a liberarnos de las cargas del pasado y a vivir con mayor libertad y autenticidad.

Reconociendo al Niño Interior

El proceso de sanar y reconectar con nuestro niño interior comienza con el simple acto de reconocer su presencia. Muchas veces, debido a los traumas del pasado, las expectativas sociales o el dolor no sanado, las personas pueden sentir una desconexión de esta parte esencial de sí mismas. Sin embargo, la clave para una vida emocional más plena y equilibrada reside en traer nuevamente al niño interior a nuestra conciencia.

El niño interior es esa parte de nosotros que guarda recuerdos y emociones, tanto de momentos felices como dolorosos. Cuando los recuerdos y las emociones que hemos experimentado en la niñez permanecen no resueltos o ignorados, nuestro niño interior tiende a manifestarse de forma negativa en la vida adulta. Reconocerlo y aceptarlo nos permite liberarnos de patrones emocionales dañinos y comenzar un proceso de sanación.

La voz del niño Interior: Escuchando sus necesidades

Uno de los aspectos fundamentales de sanar al niño interior es aprender a escuchar su voz. El niño interior tiene necesidades emocionales y deseos que, cuando no se satisfacen, pueden llevar a comportamientos disfuncionales en la vida adulta. Estas necesidades pueden estar relacionadas con el amor, la aceptación, el juego, la expresión libre o la seguridad.

La voz del niño interior, a menudo reprimida o silenciada, puede manifestarse a través de sensaciones emocionales de vacío, insatisfacción o angustia.

El niño interior tiene una forma de comunicarse que, aunque no siempre es verbal, se puede reconocer en los sentimientos, los recuerdos recurrentes, los sueños y las reacciones emocionales ante situaciones cotidianas. Por ejemplo, un adulto puede reaccionar con una ira desproporcionada ante una pequeña crítica o sentirse abrumado por la inseguridad cuando enfrenta una nueva situación. Estas reacciones pueden estar conectadas con heridas no sanadas del niño interior, que siente que su valor o su lugar en el mundo fue cuestionado en su infancia.

La importancia de validar al Niño Interior

Una aspecto crucial de la sanación es aprender a validar las experiencias y emociones del niño interior. Como adultos, muchas veces minimizamos o ignoramos nuestras emociones, pensando que ya "deberíamos saber manejarlas". Sin embargo, el niño interior no necesita que lo ignoremos ni que lo reemplacemos por una versión más racional de nosotros mismos; necesita ser escuchado y validado.

Validar al niño interior significa reconocer que las experiencias vividas, aunque dolorosas, fueron significativas y que las emociones que surgieron de ellas fueron reales. Por ejemplo, si de niños no recibimos el amor o la atención que necesitábamos, como adultos debemos reconocer la importancia de esa falta para poder sanar esa carencia. Validar las emociones del niño interior es un acto de compasión hacia uno mismo, lo cual permite liberar la carga emocional y dar espacio a la sanación.

El Niño Interior y el juego: Recuperando la alegría de vivir

El niño interior está profundamente ligado al juego, la creatividad y la alegría de vivir. En la infancia, el juego es esencial para el desarrollo emocional, cognitivo y social. Sin embargo, al crecer, muchas veces dejamos de jugar. Nos volvemos más serios, priorizamos la productividad y relegamos la diversión a un segundo plano, como si fuera una pérdida de tiempo.

Sanar al niño interior implica recuperar esa capacidad de jugar sin juicios, disfrutar del presente y conectar con la alegría de estar vivos. El juego no solo es para los niños, sino que es una herramienta poderosa para los adultos; ya que nos permite liberar tensiones, reconectar con la creatividad y experimentar momentos de felicidad genuina.

Ejercicios que fomentan el juego, como pintar sin un propósito fijo, bailar sin preocupaciones o simplemente reírse sin razón, son formas de cuidar al niño interior. Estos actos nos permiten romper con las restricciones que hemos impuesto sobre nosotros mismos y experimentar la libertad emocional que el niño interior busca.

Los beneficios de sanar el Niño Interior

El proceso de sanar al niño interior no solo impacta nuestro mundo emocional, sino que también mejora nuestra salud mental y física. Algunos de los beneficios más notables incluyen:

1. **Mayor autoestima**
   Al sanar las heridas del niño interior, aprendemos a amarnos de una manera más profunda e incondicional. La autoaceptación se fortalece y empezamos a tratarnos con la misma compasión que le brindaríamos a un niño que necesita amor y apoyo.

2. **Mejores relaciones interpersonales**
   A medida que sanamos, nuestras relaciones también se transforman. Dejamos de proyectar nuestras inseguridades y heridas emocionales en los demás, y comenzamos a establecer vínculos más auténticos y saludables.

3. **Reducción del estrés y la ansiedad**
   Cuando el niño interior se siente reconocido y cuidado, las emociones se equilibran y los niveles de estrés y ansiedad disminuyen. Nos sentimos más seguros, en paz con nosotros mismos y con mayor capacidad para enfrentar los desafíos de la vida.

4. **Recuperación de la creatividad**
   El niño interior es una fuente inagotable de creatividad. Al liberarnos de las barreras mentales que nos limitan, podemos volver a disfrutar de la creatividad sin miedo al juicio.

5. **Mayor autenticidad**
   Conectar con nuestro niño interior nos ayuda a vivir con mayor autenticidad. A menudo, en la adultez, adoptamos máscaras y roles impuestos por la sociedad, dejando de lado nuestra verdadera esencia.

La práctica diaria de cuidar al Niño Interior

Cuidar al niño interior no es un evento aislado, sino un compromiso diario con el amor propio y la autocompasión. Este cuidado se basa en pequeños actos conscientes que fortalecen nuestra conexión con nuestra parte más genuina y vulnerable. Algunas formas de hacerlo incluyen:

1. **Hablar con tu niño interior**: Puedes comenzar un diálogo interno con tu niño interior. Pregúntale cómo se siente, qué necesita y qué te quiere decir. A medida que creces en esta conexión, puedes ofrecerle consuelo, apoyo y amor.

2. **Cuidar tu cuerpo**: El niño interior necesita sentirse protegido, y una de las formas más tangibles de demostrarle amor es cuidando nuestro cuerpo. Alimentarnos bien, descansar lo suficiente, movernos con

alegría y evitar hábitos autodestructivos son maneras de transmitirle a nuestro niño interior que estamos aquí para cuidarlo y protegerlo.

3. **Recrear momentos felices**: Hacer espacio en la vida para actividades que alguna vez nos llenaron de alegría es una forma poderosa de reconectar con nuestro niño interior. Montar en bicicleta, leer cuentos, jugar con plastilina, cantar sin miedo o simplemente caminar descalzos en la naturaleza pueden traer de vuelta la sensación de libertad y gozo que experimentábamos en la infancia.

4. **Establecer límites saludables**: El niño interior necesita sentir que está protegido. Establecer límites con los demás, respetando tus propias necesidades y deseos, es una forma de cuidarlo.

5. **Practicar el perdón**: El niño interior a menudo guarda resentimientos y heridas que necesitan ser perdonadas, tanto a los demás como a uno mismo. El perdón es un acto de sanación profunda que libera el alma.

El niño interior es una parte esencial de nuestra psique, el vínculo con nuestra esencia más auténtica y nuestras necesidades emocionales más profundas. Sanarlo y cuidarlo es un proceso liberador que nos permite vivir con mayor plenitud, autenticidad y equilibrio. La práctica de reconocer al niño interior, validar sus emociones, y brindarle el amor y la protección que necesita, nos lleva a sanar heridas del pasado, mejorar nuestras relaciones, y experimentar una mayor conexión con nosotros mismos.

Sanar al niño interior nos abre las puertas a una vida más rica y significativa, basada en el amor incondicional hacia nosotros mismos y el mundo que nos rodea.

CAPÍTULO 2
Identificando las Heridas de la Infancia

Las heridas emocionales originadas en la infancia son profundas y, a menudo, invisibles, pero tienen un impacto significativo en nuestra vida adulta. Estas heridas son el resultado de experiencias difíciles que no fueron procesadas adecuadamente en su momento y que se almacenaron en el niño interior.

En este capítulo, exploraremos cómo estas experiencias pueden crear heridas emocionales, los distintos tipos de heridas que existen, cómo quedan grabadas en nuestro niño interior, de qué manera se manifiestan en la vida adulta y cómo podemos sanarlas.

¿Como las experiencias de la infancia pueden crear 'heridas emocionales" en el niño interior?

La infancia es una etapa fundamental en el desarrollo emocional de una persona. Durante estos primeros años de vida, el niño está moldeando su visión del mundo, sus relaciones y su identidad. Las experiencias de dolor, abandono, abuso o negligencia pueden dejar cicatrices emocionales profundas en el niño interior.

Las heridas emocionales surgen cuando el niño no recibe el apoyo emocional necesario para afrontar situaciones difíciles. No siempre son consecuencia de eventos traumáticos extremos; en muchas ocasiones, experiencias cotidianas como la falta de atención, la crítica excesiva o el abandono emocional pueden crear heridas significativas.

Cuando las emociones no son validadas ni expresadas, quedan atrapadas en el niño interior, quien, de manera inconsciente, intentará sanarlas o afrontarlas en la vida adulta. Si estas heridas no se reconocen y sanan, seguirán manifestándose en nuestras relaciones, decisiones y bienestar general.

Principales heridas emocionales y su impacto

A continuación, presentamos algunas de las heridas emocionales más comunes y el impacto que tienen en la vida adulta:

1. **La herida de abandono**
   Surge cuando el niño no recibe el apoyo o la atención necesaria de sus cuidadores, lo que le lleva a sentirse solo, no deseado o rechazado. Esta herida crea una sensación de no ser suficiente o digno de amor, provocando miedo a la soledad y una tendencia a la dependencia emocional.

2. **La herida de rechazo**
   El rechazo puede manifestarse de diversas maneras, a través de críticas, ignorancia o desaprobación. Esta herida deja al niño interior sintiendo que no es aceptado o amado En la adultez, puede reflejarse en baja autoestima, inseguridad o miedo al rechazo en las relaciones personales.

3. **La herida de humillación**
   Se origina cuando un niño es objeto de abuso verbal, críticas constantes o burlas. Esto le hace crecer con la creencia de que hay algo intrínsecamente malo en él. En la vida adulta, esta herida se manifiesta en sentimientos de vergüenza, autocrítica excesiva y dificultad para sentirse merecedor de amor o respeto.

4. **La herida de injusticia**
   Aparece cuando el niño se siente tratado de manera injusta, ya sea por un hermano, un padre o una figura de autoridad. Puede originarse por reglas inconsistentes, favoritismos o maltrato. Esta herida crea un adulto con un fuerte sentido de frustración y resentimiento, que puede ser propenso a la ira y a sentir que no recibe lo que merece.

5. **La herida de traición**
   Se produce cuando el niño experimenta la traición por parte de figuras importantes, como padres o amigos cercanos. Esto genera una profunda desconfianza y el temor a ser engañado. En la vida adulta, puede dificultar la formación de relaciones saludables y provocar una actitud de control o hipervigilancia hacia los demás.

Como se graban las heridas en el Niño Interior

Las heridas emocionales se graban en el niño interior debido a que el cerebro de un niño está en una etapa de desarrollo, lo que hace que sus experiencias, tanto positivas como negativas, se impriman profundamente. La falta de recursos emocionales para manejar situaciones dolorosas hace que estas heridas se almacenen en el inconsciente, donde permanecen ocultas pero activas.

El niño interior no tiene la capacidad de racionalizar o procesar adecuadamente el dolor. En cambio, las emociones quedan registradas como recuerdos no resueltos que, con el tiempo afectan el comportamiento adulto. Estas heridas pueden aparecer de forma recurrente en momentos de estrés o cuando se activan patrones emocionales similares a los que el niño experimentó en el pasado.

A medida que crecemos, estas heridas pueden volverse más difíciles de identificar, ya que a menudo desarrollamos mecanismos de defensa, estrategias de afrontamiento o actitudes de negación. Sin embargo, las emociones subyacentes siguen presentes y afectan la manera en que interactuamos con el mundo.

Manifestaciones de las heridas en la vida adulta

Las heridas del niño interior no sanadas se manifiestan en la vida adulta de diversas maneras. Algunas manifestaciones comunes incluyen:

1. **Patrones repetitivos de relaciones disfuncionales**: Las personas con heridas emocionales no resueltas tienden a atraer o mantenerse en relaciones tóxicas que reflejan las dinámicas dolorosas de su infancia. Por ejemplo, pueden buscar parejas que los rechacen, los abandonen o los humillen, repitiendo el ciclo de abuso emocional.

2. **Baja autoestima y falta de confianza en sí mismo:** Las heridas de rechazo, humillación o abandono suelen generar una profunda inseguridad. La persona puede sentir que no merece amor, éxito o felicidad, lo que afecta negativamente sus relaciones personales y profesionales.

3. **Miedos y fobias**: Las heridas emocionales, especialmente las relacionadas con el abandono o el abuso, pueden dar lugar a miedos irracionales en la adultez, como miedo a la soledad, miedo a la traición, o miedo a no ser lo suficientemente bueno.

4. **Comportamientos autodestructivos**: Muchas personas con heridas emocionales arrastran comportamientos autodestructivos como el abuso de sustancias, la procrastinación, el autosabotaje o la evitación, como mecanismos para lidiar con el dolor emocional no resuelto.

5. **Estrés y ansiedad**: Las heridas de la infancia pueden generar altos niveles de estrés, ansiedad o incluso trastornos depresivos, ya que las emociones reprimidas se acumulan y afectan la salud mental.

Sanación de las heridas emocionales

Sanar las heridas emocionales del niño interior es un proceso gradual que requiere tiempo, paciencia y una disposición para mirar hacia adentro. Algunas estrategias efectivas para este proceso incluyen:

1. **Reconocer y validar las emociones**: El primer paso para la sanación es aceptar y dar valor a lo que se siente. Reconocer que el dolor es real y merece atención es fundamental para empezar a liberar esas emociones atrapadas.

2. **Reprocesar las experiencias dolorosas**: A través de la terapia, la meditación o la escritura, puedes trabajar en replantear las experiencias dolorosas de la infancia. Esto implica reinterpretar los eventos desde una perspectiva adulta y sana, brindando el apoyo emocional que no se recibió en su momento.

3. **Practicar el autocuidado y la autoaceptación**: Sanar al niño interior también significa aprender a cuidar de uno mismo. Esto puede incluir practicar la autoaceptación, la autoestima positiva, la meditación y otras herramientas de bienestar que fortalezcan la relación con uno mismo.

4. **Establecer límites saludables**: Parte de sanar es aprender a establecer límites claros con los demás. Esto incluye decir no cuando sea necesario y asegurarte de que tus necesidades emocionales sean respetadas.

5. **Buscar apoyo terapéutico**: La terapia con un profesional especializado en trauma o heridas emocionales puede ser la clave para la sanación. Un terapeuta puede guiar el proceso de exploración y liberación de emociones atrapadas, proporcionando un espacio seguro y de contención.

Ejercicios para recordar momentos de la infancia y reconocer emociones asociadas

1. **Escribir una carta al niño interior**: Dedica un momento para escribirle una carta a tu niño interior. Puedes empezar reconociendo sus sentimientos y validando lo que experimentó en su niñez. Sé compasivo y amoroso en tu respuesta.

2. **Reviviendo recuerdos de la infancia**: Encuentra un lugar tranquilo, cierra los ojos y trata de recordar momentos específicos de tu infancia, especialmente aquellos que te causaron dolor. Observa las emociones que surgen y escribe sobre ellas. Esto puede ayudarte a identificar qué heridas están presentes.

3. **Ejercicio de la silla vacía**: Imagina que tienes una silla vacía frente a ti y que es tu niño interior quien está sentado allí. Habla con él, abrázalo y expresa lo que sientes hacia él. Ofrece el consuelo y el amor que no recibiste en ese momento.

Reconociendo las heridas a través de los patrones repetitivos

Las heridas emocionales del niño interior suelen manifestarse en la adultez a través de patrones repetitivos de comportamiento, creencias y reacciones emocionales. A menudo, estos patrones ocurren de manera inconsciente, influyendo en la forma en que las personas se relacionan consigo mismas y con los demás.

Algunos de estos patrones incluyen:

- **Relaciones tóxicas**: Las personas con heridas emocionales no sanadas tienden a atraer a personas que perpetúan esas heridas, repitiendo las dinámicas de la infancia (por ejemplo, el abandono, la crítica, la humillación o la traición). Este ciclo continúa hasta que la persona se da cuenta de que está repitiendo una historia antigua, que no es necesaria ni saludable.

- **Autocrítica excesiva**: Si un niño fue constantemente criticado o comparado con otros, puede desarrollar una tendencia a la autocrítica excesiva en la adultez. La persona puede experimentar pensamientos como "no soy suficiente" o "no merezco ser feliz", perpetuando su dolor interior.

- **Miedos irracionales**: Las experiencias de abandono o rechazo durante la niñez pueden dar lugar a miedos intensos en la adultez, como el temor a la soledad o al rechazo. Estos miedos pueden influir en la manera en que una persona se relaciona con los demás, llevándola a evitar la cercanía emocional o a desarrollar una gran inseguridad en sus vínculos.

- **Sabotaje personal**: Las heridas emocionales profundas pueden generar un patrón de autosabotaje en la vida adulta. Esto puede manifestarse en procrastinación, miedo al éxito, evitación de oportunidades importantes o la creencia de no ser digno de amor o prosperidad. Estas conductas suelen originarse en creencias formadas en la infancia, como "no merezco ser feliz" o "no soy lo suficientemente bueno".

El papel de las creencias limitantes

Las heridas emocionales también son responsables de la creación de creencias limitantes. Estas son creencias falsas que se originan en la infancia y que siguen influenciando las decisiones y comportamientos del adulto. Las creencias limitantes más comunes incluyen:

- **"No soy digno de amor"**: Se puede desarrollarse a partir de experiencias de abandono, rechazo o abuso. La persona que cree esto tiene dificultades para aceptar amor y apoyo de los demás, y puede sentirse incómoda en relaciones cercanas.

- **"El mundo es peligroso y no puedo confiar"**: Puede provenir de experiencias de traición o abuso. Quienes lo padecen tienden a desconfiar de los demás, temiendo que puedan hacerle daño o abandonarlos.

- **"El éxito no es para mí"**: Si un niño fue constantemente comparado con otros o recibió mensajes que lo hacían sentir inferior, puede crecer con la creencia de que no merece el éxito. Como adulto, puede evitar perseguir sus metas o autosabotearse por miedo al fracaso.

- **"Las personas que me aman me lastiman"**: Esta creencia puede estar relacionada con experiencias de abuso o negligencia en la infancia, donde el amor se asocia con el dolor. Como consecuencia, puede desarrollar dificultades para establecer relaciones sanas y para confiar en los demás.

Las creencias limitantes son poderosas porque operan en el inconsciente. Para sanarlas, es fundamental hacer un trabajo profundo de autoconocimiento y autoaceptación, cuestionando las creencias negativas y reemplazándolas con pensamientos y creencias más empoderadoras.

Reprogramación y sanación del niño interior

Sanar las heridas del niño interior requiere trabajo en varios niveles: emocional, mental y físico. Este proceso no solo se trata de comprender las heridas, sino de transformarlas y reprogramarlas para que el niño interior se sienta seguro, amado y validado.

A continuación, se presentan algunas estrategias que se pueden usar para sanar estas heridas emocionales:

1. **Terapia de regresión**: La terapia de regresión es un proceso que permite acceder a momentos específicos de la infancia donde se originaron las heridas. Al revivir estos recuerdos y procesar las emociones involucradas, es posible liberar el dolor asociado y sanar el trauma.

2. **Repetición de afirmaciones positivas**: Las afirmaciones son una herramienta poderosa para reprogramar el inconsciente. Al crear afirmaciones positivas relacionadas con el valor personal, la autoaceptación y el merecimiento de amor y felicidad, podemos cambiar las creencias limitantes formadas en la infancia.

3. **Visualización**: La visualización es una técnica eficaz para conectar con el niño interior y brindarle el amor que necesita. Puedes imaginarte abrazando a tu niño interior, dándole amor y apoyo incondicional. Esto ayuda a sanar los recuerdos dolorosos y a reemplazarlos con sentimientos de seguridad y cariño.

4. **Trabajo con los chakras**: El trabajo energético con los chakras, en especial con el chakra raíz y el chakra del corazón, puede ser útil en el proceso de sanación. El chakra raíz está relacionado con nuestra sensación de seguridad y pertenencia, mientras que el chakra del corazón está vinculado con el amor y la autoaceptación. A través de meditaciones y prácticas específicas, podemos desbloquear y sanar estos centros energéticos.

5. **Practicar la autocompasión**: Ser amable y compasivo contigo mismo es esencial para este proceso. Muchas veces, cuando sufrimos una herida emocional, tendemos a culparnos o juzgarnos por ella. Practicar la autocompasión nos permite ver nuestra vulnerabilidad con amor y sin juicio, sanando las cicatrices del pasado.

Ejercicios adicionales para sanar y recordar el niño interior

1. **El diario del niño interior**: Dedica unos minutos cada día para escribir sobre tu niño interior. Expresa cómo te sientes, qué recuerdos surgen y qué necesitas para sanar. Escribe sin censura, solo para ti. Esta práctica puede ayudar a reconocer y liberar emociones reprimidas.

2. **El abrazo del niño interior**: Busca un lugar cómodo y visualiza a tu niño interior frente a ti. Imagina que lo abrazas, ofreciéndole el amor y la protección que no recibió en su momento. Deja que el niño interior sienta seguridad y consuelo, y repite para ti mismo: "Te amo tal y como eres, eres suficiente y digno de amor".

3. **Reviviendo recuerdos felices**: A veces, las heridas se acompañan de recuerdos dolorosos, pero es igualmente importante recordar los momentos felices de la infancia. Haz un esfuerzo consciente por traer a tu mente recuerdos que te traigan paz o alegría. Esto puede equilibrar las emociones y ayudarte a fortalecer la relación con tu niño interior.

4. **Revisar tus relaciones actuales**: Examina cómo tus relaciones en la vida adulta reflejan las dinámicas de tu infancia. ¿Hay patrones de abuso, abandono, rechazo o traición? Reconocer estos patrones te ayudará a identificar las heridas que están activas en tu vida y te permitirá trabajar en sanarlas.

CAPÍTULO 3
Entendiendo la Voz del Niño Interior

El niño interior es una parte esencial de nuestra estructura emocional. Representa al niño que una vez fuimos: lleno de emociones crudas, deseos puros y experiencias no procesadas. Este niño se comunica con nosotros de diversas maneras, especialmente a través de emociones, reacciones y deseos. Aprender a reconocer y entender esta comunicación es un paso importante para reconectar con nuestro bienestar emocional y sanar las heridas que podamos cargar del pasado.

Como el Niño Interior se comunica con nosotros a través de emociones, reacciones y deseos

El niño interior se expresa principalmente a través de los sentimientos y respuestas emocionales. Se manifiesta de maneras que no siempre reconocemos conscientemente, pero que influyen significativamente en nuestro comportamiento y estado mental.

1. **Emociones**: Nuestras emociones reflejan el estado del niño interior. Cuando experimentamos estallidos repentinos de ira, tristeza, miedo o alegría, estos sentimientos a menudo provienen de nuestro niño interior. Estas respuestas emocionales son la manera en que el niño interior señala que algo no está siendo atendido. Por ejemplo, el miedo excesivo al abandono o los estallidos repentinos de ira pueden señalar necesidades no satisfechas en la infancia.

2. **Reacciones**: El niño interior también se comunica a través de nuestras reacciones automáticas ante ciertas situaciones. Si nos encontramos reaccionando de forma desproporcionada ante una situación, puede ser porque el niño interior ha sido activado por un evento que le recuerda una herida emocional pasada. Estas reacciones a menudo parecen irracionales porque están arraigadas en experiencias infantiles, no en el momento presente.

3. **Deseos**: A veces, el niño interior se expresa a través de deseos no cumplidos, como el anhelo de afecto, atención o amor. Estos deseos pueden manifestarse en nuestra vida adulta como una necesidad de aprobación o una tendencia a buscar validación de los demás. El niño interior busca lo que le faltó en la infancia, ya sea nutrición emocional, amor o seguridad, y puede expresar esto a través de deseos no satisfechos.

Reconocer cómo se comunica el niño interior nos permite entender las raíces de nuestros sentimientos y reacciones, lo que puede llevarnos a una mayor autocomprensión y sanación.

Señales de que el Niño Interior necesita atención o sanación

El niño interior busca ser escuchado y cuidado. Cuando lo ignoramos o reprimimos sus necesidades, pueden surgir manifestaciones emocionales y comportamentales que afectan nuestra vida diaria. Algunas señales comunes de que nuestro niño interior necesita sanación incluyen:

1. **Sobrecarga Emocional Repentina**: Si experimentamos estallidos emocionales o reacciones extremas ante problemas aparentemente menores, es posible que el niño interior esté pidiendo atención. Sentirnos profundamente heridos por una crítica menor puede ser una manifestación de sentimientos no resueltos de la infancia.

2. **Patrones Persistentes de Relaciones Tóxicas**: Si nos encontramos atrapados en relaciones disfuncionales o poco satisfactorias, puede deberse a que, a nivel subconsciente, el niño interior busca reproducir dinámicas familiares conocidas. Esto ocurre porque el cerebro tiende a repetir lo que le resulta familiar, incluso si es doloroso.

3. **Sentirse Inadecuado o Indigno**: Cuando luchamos con sentimientos de no ser lo suficientemente buenos, no merecer amor o no ser dignos de éxito, estos sentimientos a menudo provienen de heridas de la infancia. El niño interior puede haber experimentado negligencia o rechazo, lo que generó una percepción negativa sobre su propio valor.

4. **Autosabotaje**: Participar en comportamientos autodestructivos, como procrastinación, evitar desafíos, o ser excesivamente autocríticos, puede ser una señal de que el niño interior está actuando desde el miedo o la falta de amor propio. Estos comportamientos pueden

reflejar experiencias pasadas en las que el niño se sintió incapaz o indigno de éxito.

5. **Ansiedad o Depresión**: Cuando la ansiedad o la depresión son persistentes, pueden ser señales de que el niño interior está tratando de comunicarnos un dolor no resuelto. Estas emociones pueden ser el resultado de heridas reprimidas que afectan nuestra salud mental.

Cuando estas señales aparecen, es un llamado para reconocer y cuidar al niño interior, brindándole el cuidado y la atención que no recibió en su momento.

Actividad: Escribir una carta desde la perspectiva del niño interior sobre cómo se siente

Conectar con nuestro niño interior nos permite comprender mejor nuestras emociones y necesidades no atendidas. Una manera poderosa de lograrlo es escribir una carta desde su perspectiva, permitiendo que exprese libremente lo que siente.

Esta actividad te ayudará a identificar emociones reprimidas, validar experiencias pasadas y fortalecer tu proceso de sanación.

Aquí te mostramos cómo hacer este ejercicio:

1. **Encuentra un Lugar Tranquilo**: Busca un espacio cómodo y tranquilo donde no serás interrumpido. Respira profundamente para relajarte y centrarte.

2. **Concédele Atención al Niño Interior**: Cierra los ojos e imagina cómo eras de niño. Visualiza la edad con la que te sientas más conectado, la versión infantil de ti mismo.

3. **Escribe Desde la Perspectiva del Niño Interior**: Comienza a escribir una carta desde el punto de vista de tu niño interior. Pregúntate a ti mismo: "¿Qué querría decirme mi niño interior ahora mismo?" Deja que las palabras fluyan libremente, sin juzgar ni censurar. Permite que el niño interior exprese sus sentimientos de dolor, tristeza, enojo, alegría o cualquier emoción que surja.

4. **Valida los Sentimientos del Niño**: A medida que escribas, reconoce y valida las emociones de tu niño interior. No minimices su dolor ni trates de racionalizarlo. En su momento, esas experiencias fueron reales y significativas para él.

5. **Reflexiona Sobre la Carta**: Después de escribir la carta, tómate un tiempo para reflexionar sobre lo que el niño interior ha compartido. ¿Cuáles son los sentimientos y necesidades principales que se expresan? ¿Cómo puedes atender o sanar estos aspectos en tu vida actual?

Este ejercicio te ayudará a profundizar en tu proceso de sanación, brindándote la oportunidad de escuchar y atender las necesidades de tu niño interior con amor y compasión.

Reconociendo la importancia de la voz del niño interior

El niño interior es el guardián de nuestras emociones y recuerdos más profundos. A menudo, cuando no estamos en sintonía con esa voz interna, buscamos consuelo o respuestas en el mundo exterior. Sin embargo, la verdadera sanación y el autodescubrimiento provienen de escuchar lo que nuestro niño interior tiene que decir.

La voz del niño interior no siempre se manifiesta de manera clara o directa. A veces puede sentirse como una emoción inexplicable o una reacción intensa frente a situaciones cotidianas. Reconocer que estos momentos están vinculados a una necesidad emocional no satisfecha puede ser el primer paso para sanar.

¿Por qué es importante escuchar al niño interior?

1. **Sana las Heridas del Pasado**

    Las emociones no expresadas de la infancia permanecen en nuestro interior hasta que somos capaces de reconocerlas. Escuchar la voz del niño interior nos permite validar esas emociones y liberarlas, aliviando el dolor emocional y facilitando la sanación.

2. **Mejora la Autocomprensión**

    Al entender por qué reaccionamos de ciertas maneras, podemos comprender mejor nuestras decisiones y comportamientos. Conectar con el niño interior nos ayuda a tener una visión más profunda de nuestras motivaciones y nos conecta con nuestra verdadera esencia.

3. **Promueve el Crecimiento Personal**

    Cuando tomamos en cuenta la voz del niño interior, encontramos la fuerza y la sabiduría que necesitamos para superar obstáculos. Este proceso nos recuerda que nuestra vulnerabilidad es una fuente de fortaleza, no de debilidad.

4. **Fomenta Relaciones Más Sanas**
   Si estamos en paz con nuestro niño interior, seremos más capaces de establecer límites saludables, comunicar nuestras necesidades y tratar a los demás con compasión. Esto mejora nuestras relaciones interpersonales y nos permite conectarnos de manera más auténtica.

Como reconocer las señales del niño interior

Las señales que el niño interior nos da no siempre son fáciles de interpretar, pero con práctica y atención podemos aprender a reconocerlas. A continuación, se describen algunas señales clave:

1. **Emociones Intensificadas**
   Si reaccionas de manera exagerada ante situaciones que parecen menores, es posible que tu niño interior esté activado. Por ejemplo, sentirte devastado por una crítica constructiva o experimentar una ira desproporcionada frente a un inconveniente trivial pueden ser señales de heridas emocionales no resueltas.

2. **Búsqueda de Aprobación Externa**
   El niño interior a menudo anhela validación y reconocimiento. Si notas que dependes de la aprobación de los demás para sentirte valioso o suficiente, esto puede reflejar una necesidad emocional insatisfecha desde la infancia, cuando no recibiste la validación que necesitabas.

3. **Comportamientos Inmadurez o Dependencia Emocional**
   Si tienes dificultades para tomar decisiones por ti mismo o eres emocionalmente dependiente de los demás, es posible que tu niño interior esté buscando apoyo y protección, ya que no recibió este tipo de cuidado emocional en la infancia.

4. **Repetición de Patrones Negativos**
   El niño interior también se manifiesta a través de la repetición de patrones poco saludables. Si te encuentras en relaciones disfuncionales, eligiendo parejas que no te valoran o permaneciendo en situaciones que te hacen daño, esto puede reflejar traumas o necesidades insatisfechas de la infancia que aún no han sido abordadas.

Como desarrollar una relación más profunda con el niño interior

Una vez que identificamos las señales del niño interior, el siguiente paso es establecer una relación más saludable y nutritiva con esta parte de nosotros mismos. Aquí hay algunas estrategias para fortalecer ese vínculo:

1. **Hablar con el Niño Interior**
   Tener una comunicación consciente con tu niño interior puede ser muy sanador. Puedes escribirle cartas expresando amor y comprensión, o incluso hablarle en voz alta como si estuvieras conversando con un niño real. Externalizar pensamientos y emociones te ayudará a darle voz a esa parte de ti que necesita ser escuchada.

2. **Incorporar el Juego en la Vida Adulta**
   El niño interior es juguetón, curioso y espontáneo. Incorporar actividades que fomenten la diversión y la creatividad puede ser una excelente manera de nutrir esa parte de ti. Puede ser algo tan simple como dibujar, bailar, o salir a explorar la naturaleza sin un propósito definido. El juego ayuda a liberar la tensión emocional y a crear un ambiente de aceptación.

3. **Brindar Consuelo y Protección**
   Imagina a tu niño interior frente a ti y ofrécele consuelo, amor y protección. Recuérdale que está a salvo, que ahora eres un adulto que puede cuidarlo y que todas las necesidades emocionales que quedaron insatisfechas en el pasado ahora pueden ser atendidas. Este acto de autocuidado y afirmación es un paso crucial en el proceso de sanación.

4. **Meditar y Visualizar**
   La meditación y la visualización son herramientas poderosas para sanar las heridas del niño interior. Siéntate en un lugar tranquilo y visualiza a tu niño interior. Habla con él, dale, amor, y asegúrate de que se siente seguro y apoyado. La meditación te permite conectarte con tu esencia más profunda y proporciona un espacio para que el niño interior se exprese.

Actividad adicional: Un día con tu niño interior

Esta actividad consiste en planificar un día en el que le dediques tiempo y atención al niño interior. Elige actividades que te permitan conectarte con esa parte juguetona y creativa. Algunas ideas para este día podrían incluir:

1. **Jugar como lo harías de niño**
   Haz actividades como pintar, correr por el parque, o incluso ver tu película favorita de la infancia.

2. **Hacer algo espontáneo**
   Tómate un descanso del estrés diario y haz algo sin una agenda establecida. Sal y camina sin rumbo o decide un día de aventura improvisada.

3. **Cuidarte a ti mismo**
   Practica el autocuidado en su forma más pura. Tómate un baño relajante, haz una rutina de cuidado personal o simplemente haz algo que te haga sentir bien y cuidado.

El objetivo de este día es brindar al niño interior la atención, el amor y la validación que necesitaba en su momento. Al hacerlo, no solo te reconcilias con el pasado, sino que también construyes una relación más amorosa y nutritiva contigo mismo en el presente.

CAPÍTULO 4
Liberando el Dolor y Abrazando el Perdón

La importancia del perdón y el soltar resentimientos del pasado

El perdón es una de las herramientas más poderosas para sanar el corazón y liberar la mente. No se trata de justificar los actos de quienes nos han herido, sino de liberar nuestro propio ser del peso del rencor y el resentimiento. Aferrarnos al dolor solo nos mantiene atrapados en emociones negativas que afectan nuestra felicidad, nuestras relaciones y nuestro bienestar general.

Perdonar nos permite soltar esas cargas emocionales, creando espacio para la paz, el amor y la sanación. Es un acto de compasión hacia nosotros mismos y un regalo que nos da libertad. Al hacerlo, no solo sanamos al niño interior, sino que también fortalecemos nuestra esencia adulta.

¿Por qué es tan difícil perdonar?

El perdón puede ser difícil porque asociamos el perdón con la idea de que estamos aceptando lo que sucedió o que estamos diciendo que estuvo bien. Sin embargo, el perdón no significa aprobación de la acción que nos lastimó, sino que es un acto de liberación interna.

Perdonar no es un acto de debilidad, sino de fortaleza. Es una manera de recuperar el control sobre nuestras emociones y no permitir que el pasado siga definiendo nuestro presente.

Técnicas para liberar emociones reprimidas

El dolor de experiencias pasadas suele quedar atrapado en nuestro interior, bloqueado por la mente consciente pero presente en nuestras emociones, pensamientos y reacciones. Para sanar las heridas del niño interior, es fundamental liberar esas emociones reprimidas. A continuación, se presentan algunas técnicas efectivas para lograrlo:

1. **Journaling (Escritura terapéutica)**
   La escritura terapéutica es una de las maneras más efectivas de liberar emociones atrapadas. Al escribir, damos voz a nuestros sentimientos y permitimos que se expresen de manera segura y saludable. Algunas formas de journaling que puedes practicar son:

   - **Escribir sobre tus emociones**
     Cada vez que sientas una emoción intensa, siéntate y escribe lo que sientes y por qué. No te preocupes por la gramática o la estructura; solo deja que las palabras fluyan.

   - **Cartas no enviadas**
     Escribe cartas a las personas que te han lastimado o a tu niño interior, expresando tus sentimientos sin la intención de enviarlas. Esto te permite liberar el dolor y los resentimientos sin confrontaciones.

2. **Terapia de gritos (Shouting Therapy)**
   La terapia de gritos es una técnica catártica que permite liberar el dolor y la frustración a través de un grito profundo y controlado. Para realizarla, busca un lugar seguro y privado donde puedas expresarte sin interrupciones. Gritar de manera consciente ayuda a soltar tensiones acumuladas y liberar emociones reprimidas de una forma poderosa.

3. **Meditación guiada**
   Las meditaciones guiadas enfocadas en el perdón son herramientas efectivas para liberar emociones reprimidas. Puedes encontrar meditaciones específicas para perdonar a otros, a ti mismo o para sanar el niño interior. La práctica de la meditación te ayuda a conectarte con tu ser interior, permitiendo que el perdón surja de manera natural mientras te sumerges en un estado de calma y receptividad.

Ejercicio del perdón: Carta de perdón al niño interior o a las figuras que impactaron en la infancia

El perdón es un proceso de sanación profunda. Escribir una carta de perdón puede ser una herramienta poderosa para expresar sentimientos, liberar el dolor acumulado y ofrecer compasión hacia uno mismo o hacia quienes influyeron en nuestra infancia.

Ejercicio 1: Carta de perdón al niño interior

Este ejercicio consiste en escribir una carta desde el presente, ofreciéndole perdón y comprensión a tu niño interior. Recuerda que perdonar no significa justificar lo que ocurrió, sino elegir liberarte del dolor y avanzar hacia la sanación.

Instrucciones:
1. Busca un espacio tranquilo y cierra los ojos por un momento. Respira profundamente y concédele espacio a tu niño interior. Puedes visualizarte a ti mismo en tu niñez o simplemente sentir la presencia de esa parte de ti.
2. Escribe una carta dirigida a tu niño interior, hablándole con ternura, compasión y perdón. Algunas ideas que puedes incluir son:
   - Expresar amor y validación: "Querido niño, lo que experimentaste fue doloroso y mereces ser amado y cuidado. Lamento no haber podido protegerte en ese momento."
   - Reconocer el dolor: "Sé que te sentiste solo/a, triste, o abandonado/a. Tu dolor es real y mereces ser escuchado."
   - Ofrecer consuelo: "Ahora, como adulto, me comprometo a cuidar de ti, a protegerte y a ofrecerte la paz que no recibiste cuando eras niño/a."
3. Lee la carta en voz alta o, si lo prefieres, mantenla en privado como un acto personal de sanación. Esta carta es un paso importante hacia el perdón de ti mismo y el cierre de las heridas del pasado.

Ejercicio 2: Carta de perdón a las figuras del pasado

Este ejercicio se enfoca en escribir una carta de perdón a las personas que han tenido un impacto negativo en tu vida, ya sea un familiar, amigo, maestro, o cualquier otra figura significativa. Esta carta no tiene la intención de ser enviada, sino que es un acto personal de sanación. El perdón es un proceso interno que te libera de la carga emocional que llevas.

Instrucciones:
1. Reflexiona sobre las figuras en tu vida que te han causado dolor o daño emocional. Haz una lista mental de esas personas y de los sentimientos que todavía guardas hacia ellas.

2. Escribe una carta donde expreses el perdón, recordando que este acto no justifica lo que hicieron, pero te libera a ti mismo/a. Algunas cosas que puedes incluir son:
   - Aceptar lo que ocurrió: "Sé que fuiste/fueron incapaces de darme lo que necesitaba en ese momento, pero ahora reconozco que eso no define mi valor."
   - Liberarte del resentimiento: "Elijo soltar el dolor que has causado y perdonarte, no porque lo que hiciste estuvo bien, sino porque lo hago por mi paz interior."
3. Una vez que la hayas escrito, puedes leerla en voz alta o guardarla como un acto simbólico de liberación.

Liberando emociones reprimidas y sanando el niño interior

El proceso de liberar las emociones reprimidas es un paso fundamental para sanar las heridas emocionales del niño interior. A menudo, durante nuestra infancia, nos enseñaron a reprimir nuestras emociones, ya sea por miedo a la desaprobación o por la incapacidad de procesarlas en ese momento. Sin embargo, las emociones no desaparecen, sino que se quedan atrapadas en nuestro ser y continúan afectando nuestra vida emocional y psicológica como adultos.

Reprimir emociones como el dolor, la tristeza, la ira o el miedo, puede llevar a la aparición de trastornos emocionales y psicológicos en la vida adulta, tales como ansiedad, depresión o estrés. Para liberar estas emociones, necesitamos un espacio seguro en el cual podamos permitirnos sentir, procesar y, finalmente, soltar esas cargas emocionales.

Estrategias para liberar las emociones reprimidas

1. **Rituales de Liberación Emocional**

   Los rituales son una poderosa herramienta para simbolizar la liberación de emociones reprimidas. Puedes realizar una ceremonia personal en la que te des permiso para soltar el dolor y la tristeza que has estado cargando. Algunas ideas para rituales son:
   - **Quema simbólica de cartas**: Escribe cartas a las personas que te lastimaron o a ti mismo, detallando el dolor que has guardado, y luego quémalas en un lugar seguro. Este acto simbólico te permitirá liberar esas emociones y sentir que el pasado ya no tiene poder sobre ti.

- **Rituales de agua**: Usar el agua como un medio de liberación es otro ritual poderoso. Puedes imaginar que te sumerges en agua purificadora, donde cada gota de agua limpia las emociones negativas y las lleva lejos de ti.

2. **Prácticas de Movimiento Corporal**

    El cuerpo es un excelente vehículo para liberar emociones atrapadas. Muchas veces las emociones reprimidas se quedan almacenadas en el cuerpo, y al moverlo, podemos desbloquear esa energía estancada. Algunos ejercicios que puedes probar son:

    - **Danza libre**: Poner música que te motive y permitirte moverte libremente puede liberar emociones reprimidas. No te detengas a juzgar tus movimientos, simplemente siente la música y permite que tu cuerpo exprese lo que hay dentro.
    - **Respiración profunda y liberadora**: La respiración es una herramienta efectiva para liberar el estrés y las emociones. Practicar la respiración profunda, respirando lenta y profundamente, puede ayudarte a soltar las tensiones emocionales.

3. **Trabajo Corporal o Terapias Somáticas**

    Las terapias somáticas son aquellas que trabajan con el cuerpo para liberar tensiones emocionales. El trabajo corporal, como la liberación miofascial o el masaje terapéutico, puede ayudar a liberar el dolor que se almacena en los músculos y tejidos del cuerpo, lo que a su vez facilita la liberación emocional.

El perdón hacia uno mismo

A menudo, uno de los mayores obstáculos para sanar nuestras heridas es la falta de perdón hacia nosotros mismos. Nos culpamos por no haber sido capaces de evitar el dolor, de no haber tomado decisiones diferentes o de no haber podido protegernos cuando éramos niños. Sin embargo, la autocompasión es crucial para sanar.

El perdón hacia uno mismo no significa excusar nuestras acciones o la falta de acción, sino reconocer que hicimos lo mejor que pudimos con los recursos y conocimientos que teníamos en ese momento. También implica liberar la culpa y la vergüenza que nos hemos impuesto, lo que nos permite avanzar y sanar.

Cómo practicar el perdón hacia uno mismo

1. **Reconocer la Autocrítica**
   El primer paso es reconocer esas voces internas autocrítica que nos dicen que no somos suficientes o que merecemos el sufrimiento. Es fundamental darnos cuenta de cuándo estamos siendo demasiado duros con nosotros mismos y desafiar esas creencias limitantes.

2. **Hablar con Compasión**
   En lugar de dirigirte a ti mismo con dureza o juicio, practica un diálogo interno amoroso y compasivo. Pregúntate: *"¿Cómo trataría a un amigo en mi situación? ¿Le culparía por lo ocurrido?"* Ofrecerte a ti mismo la misma comprensión y amabilidad que brindarías a un ser querido es un acto poderoso de sanación.

3. **Ejercicio de la Autoaceptación**
   Un ejercicio útil es mirarte al espejo y, mientras te miras a los ojos, decir en voz alta: "Te perdono. Lo hiciste lo mejor que pudiste. Eres suficiente." Repite esta afirmación tantas veces como sea necesario hasta que empieces a sentir su verdad dentro de ti.

Cerrando el ciclo de sanación: El perdón completo

Para que el perdón sea verdaderamente sanador, debe ser un proceso integral que abarque tanto el perdón hacia los demás como el perdón hacia uno mismo. Es fundamental recordar que este proceso no tiene un tiempo determinado y que cada persona avanza a su propio ritmo en el camino de la sanación emocional.

El perdón no es un acto único ni inmediato, sino un viaje continuo que puede manifestarse en diferentes momentos de la vida. Por ello, al practicar la liberación emocional y el perdón, lo estamos haciendo por nosotros mismos, no porque la otra persona lo "merezca", sino porque nosotros merecemos paz y libertad.

Ejercicio final: La carta de perdón al niño interior o a una figura importante

Una de las formas más poderosa de practicar el perdón es escribiendo una carta de perdón. Esta carta puede ser dirigida a tu niño interior, a un ser querido que te haya causado dolor, o incluso a ti mismo. En la carta, expone tus sentimientos sin juicio y haz un compromiso de soltar la culpa, la ira o el resentimiento. Este acto de escribir no solo es catártico, sino que también sirve como una forma de transformar el dolor en sanación.

La sanación es un viaje profundo y personal que puede transformar nuestras vidas. El perdón y la liberación del dolor son herramientas poderosas para recuperar nuestra paz interior y abrazar la vida con perspectivas renovadas.

CAPÍTULO 5
Despertando la Creatividad y Alegría del Nino Interior

Reconectar con las actividades que traen gozo y espontaneidad

El niño interior es sinónimo de espontaneidad, curiosidad y, sobre todo, de alegría. En la infancia, nuestra conexión con la creatividad y el placer de hacer cosas por el simple hecho de disfrutarlas era natural. Sin embargo, con el paso del tiempo y el aumento de responsabilidades, solemos desconectarnos de aquellas actividades que alguna vez nos llenaron de felicidad.

Revisitar las actividades que nos llenaban de alegría en la infancia, como pintar, jugar al aire libre, bailar o inventar historias, puede ser una excelente manera de despertar nuevamente esa chispa creativa. El niño interior se alimenta de la diversión, y reconectar con esas experiencias nos permite recuperar nuestra capacidad de disfrutar sin ataduras a la productividad o las expectativas sociales.

Ejercicios prácticos de creatividad

1. **Dibujo Libre**
   Dedica unos minutos para dibujar algo sin preocuparte por el resultado. No es necesario ser un artista; simplemente deja que tu mano se mueva libremente sobre el papel. Esto puede incluir garabatos, formas abstractas o incluso intentar dibujar algo que solo tú entiendas. Este ejercicio no tiene reglas y te permitirá liberar tensiones mientras te reconectas con tu creatividad interior.

2. **Juegos Imaginativos**
   Recuerda aquellos juegos imaginativos de la infancia, donde todo era posible. Puedes crear una historia en tu mente y dejar que tu imaginación vuele sin limitaciones. Juega a ser alguien o algo diferente,

como un explorador, un superhéroe o un personaje de fantasía. Si tienes hijos, sobrinos o amigos pequeños, compartir tiempo jugando con ellos puede ayudarte a despertar ese lado juguetón del niño interior.

3. **Danza Libre**
Pon música que te haga sentir bien y baila sin pensar en lo que los demás podrían pensar. La danza libre es una excelente forma de liberar emociones reprimidas, y al mismo tiempo, te permite sentirte más conectado con el cuerpo y la energía que te rodea. Hazlo de manera espontánea, sin preocuparte por la perfección.

4. **Escritura Creativa**
La escritura es otra forma poderosa de liberar la creatividad. Dedica un momento para escribir una historia, un poema o incluso una carta a tu niño interior. Si no sabes por dónde empezar, imagina una situación en la que tu niño interior se sintiera feliz, y escribe sobre esa experiencia. Este ejercicio puede ayudar a desbloquear tu creatividad y también a reconectar con las emociones más profundas que has guardado.

La importancia de practicar hobbies y actividades solo por el placer de hacerlas

En la vida adulta, a menudo caemos en la idea de que cada actividad debe tener un propósito claro o un beneficio tangible. Sin embargo, algunas de las experiencias más enriquecedoras surgen cuando nos damos permiso de disfrutar simplemente por el placer de hacerlo. Ya sea tocando un instrumento musical, jardinería, hacer manualidades, leer, o cualquier otra actividad, el valor real no radica en lo que se produce, sino en la satisfacción y el disfrute que brindan.

El niño interior se nutre de la libertad y el gozo sin la presión de obtener un resultado específico. Recuperar esta perspectiva puede aumentar significativamente nuestro bienestar emocional. Practicar hobbies o actividades sin expectativas nos permite redescubrir una conexión profunda con nuestra creatividad innata y nos ayuda a reducir el estrés y la ansiedad de la vida diaria.

Al permitirnos crear y disfrutar del proceso sin juzgar el resultado, despertamos una sensación de libertad y alegría que fortalece nuestro bienestar general. El niño interior prospera en ambientes donde se permite la experimentación, el juego y la exploración sin miedo al fracaso ni a la crítica.

Abrazar la creatividad infantil

Reconectar con la creatividad y el gozo del niño interior, fortalece nuestra capacidad para disfrutar del presente y liberarnos de las tensiones de la vida adulta. La creatividad es una forma de sanar, de expresarnos y de experimentar el mundo con un sentido de maravilla y asombro.

Cuando damos espacio a la creatividad y a la diversión, no solo estamos cuidando nuestra salud emocional, sino que también estamos cultivando una vida más rica, auténtica y satisfactoria. Haz un compromiso contigo mismo de permitirte ser más juguetón, espontáneo y creativo. observa cómo, al hacerlo, tu niño interior se llena de alegría, bienestar y, lo más importante, amor hacia ti mismo..

Este capítulo invita a sanar el niño interior, a través de la creatividad y el placer genuino de las actividades que alguna vez nos hicieron sentir vivos y libres.

Profundizando en la práctica del amor propio

El amor propio es más que un sentimiento pasajero o una simple tendencia; es una práctica continua de reconocer tu valor, tratarte con amabilidad y nutrir la relación contigo mismo. Al profundizar nuestra práctica del amor propio, cultivamos paz interior, resiliencia y una base para relaciones más saludables con los demás.

Aquí tienes pasos prácticos y reflexiones para ayudarte a profundizar en tu práctica de amor propio:

1. **Reconoce tu valor**
   En el corazón del amor propio está la creencia de que eres valioso, tal como eres.
   - **Practica afirmaciones**: Repite afirmaciones positivas diariamente, como: *"Soy suficiente," "Merezco amor y felicidad,"* o *"Soy digno de cosas buenas."*
   - **Desafía el diálogo interno negativo**: Identifica pensamientos críticos y sustitúyelos conscientemente con mensajes compasivos y de apoyo.

2. **Prioriza el autocuidado**
   El autocuidado es una expresión de amor propio. Se trata de atender tu bienestar mental, emocional y físico.

- **Establece límites**: Aprende a decir no a personas o situaciones que drenan tu energía o comprometen tus valores.
- **Desarrolla rituales**: Crea hábitos diarios o semanales que te traigan alegría, como escribir un diario, meditar o pasar tiempo en la naturaleza.
- **Honra tu cuerpo**: Aliméntate de manera saludable, muévete de maneras que te hagan sentir bien y asegúrate de descansar lo suficiente.

3. **Abraza tus imperfecciones**
   El verdadero amor propio implica aceptarte por completo, con tus virtudes y tus errores.
   - **Practica la autocompasión**: Trátate como lo harías con un amigo cercano. Si cometes un error, recuérdate que es parte de ser humano.
   - **Celebra tu singularidad**: En lugar de compararte con los demás, enfócate en lo que te hace especial e irrepetible.

4. **Sana las heridas emocionales**
   El dolor no resuelto puede dificultar tu capacidad de amarte plenamente.
   - **Conéctate con tu niño interior**: Bríndale el amor y la validación que pudo haberle faltado..
   - **Busca apoyo**: Considera la terapia, el coaching o grupos de apoyo para trabajar en heridas emocionales más profundas.
   - **Libérate de la culpa y la vergüenza**: Practica el perdón, no solo hacia los demás, sino también hacia ti mismo.

5. **Cultiva gratitud hacia ti mismo**
   La gratitud es una herramienta poderosa para fortalecer el amor propio.
   - **Reflexión diaria**: Cada día, escribe tres cosas que aprecias de ti mismo, como cualidades, acciones o logros.
   - **Honra tu crecimiento**: Reflexiona sobre cuánto has avanzado y celebra tu progreso, por pequeño que parezca.

6. **Pasa tiempo de calidad contigo mismo**
   La relación que tienes contigo mismo es la más importante de tu vida.
   - **Agenda tiempo para ti**: Dedica momentos a actividades que te hagan feliz, como leer, pintar o simplemente relajarte.

- **Conócete mejor**: Reflexiona sobre tus sueños, miedos y deseos para alinear tu vida con tu verdadera esencia.

7. **Rodéate de amor**
El entorno y las personas con las que te relacionas impactan profundamente en tu amor propio.
   - **Elige relaciones de apoyo**: Construye conexiones con personas que te eleven y respeten.
   - **Crea un entorno inspirador**: Diseña un espacio que te inspire y nutra, lleno de cosas que te traigan paz y alegría.

8. **Comprométete con el crecimiento**
El amor propio no es estático; evoluciona a medida que tú lo haces.
   - **Aprende nuevas habilidades**: Invierte en ti mismo adquiriendo nuevos conocimientos o persiguiendo una pasión.
   - **Practica la paciencia**: Recuerda que el amor propio es un viaje. Trátate con amabilidad mientras avanzas en el proceso.

Pensamiento final

Profundizar en el amor propio es un acto de valentía y compromiso. No es egoísta ni indulgente; es la base para vivir una vida plena. Al fortalecer esta práctica, descubrirás que tu relación contigo mismo se convierte en la fuente de amor, compasión y autenticidad que irradia a todos los aspectos de tu vida.

Comienza hoy, con un pequeño acto de amor propio, y observa cómo transforma la manera en que te ves a ti mismo y al mundo que te rodea.

El amor propio como una práctica de toda la vida

El amor propio no es un destino, sino un viaje continuo. Evoluciona a medida que crecemos, reflejando las diferentes etapas de nuestra vida, las lecciones aprendidas y los desafíos que enfrentamos. Abrazar el amor propio como una práctica de toda la vida requiere paciencia, compromiso y disposición para nutrir la relación que tenemos con nosotros mismos.

Aquí tienes principios clave e ideas para abrazar el amor propio como una práctica permanente:

1. **Entender que el amor propio cambio con el tiempo**
Su significado y expresión varían según la etapa en la que nos encontremos.

- **En la Juventud**: Puede centrarse en construir confianza, establecer límites y descubrir quién eres.
- **En la Adultez**: Implica equilibrar responsabilidades, perseguir metas personales y mantener el bienestar emocional y físico.
- **En la Vejez**: El amor propio puede significar aceptar el envejecimiento, reflexionar sobre logros y cultivar paz y satisfacción.

Ser adaptable y reconocer estos cambios te permite honrar tus necesidades en cada etapa de la vida.

2. **Comprométete con la autoconciencia**
   El amor propio comienza con comprenderte a ti mismo: tus valores, necesidades, fortalezas y vulnerabilidades.
   - **Reflexión Regular**: Dedica tiempo a evaluar tus emociones, acciones y decisiones. Escribir un diario, meditar o simplemente reflexionar puede ayudarte.
   - **Mantente Abierto al Cambio**: A medida que crezcas y evoluciones, también lo hará tu comprensión de ti mismo. Acepta esto como parte natural del viaje.

3. **Prioriza tu bienestar**
   Cuidarte es una práctica constante que requiere intención y consistencia.
   - **Bienestar Físico**: Consume alimentos nutritivos, mantente activo y escucha las necesidades de tu cuerpo.
   - **Bienestar Emocional**: Honra tus sentimientos, procesa emociones difíciles y busca apoyo cuando sea necesario.
   - **Bienestar Mental**: Cultiva una mentalidad de crecimiento y positividad. Desafía creencias limitantes y enfócate en lo que te fortalece.

4. **Practica la autocompasión**
   Nadie es perfecto, y el amor propio prospera cuando nos aceptamos tal como somos.
   - **Perdónate**: Considera los errores como oportunidades para aprender y crecer, en lugar de razones para castigarte.
   - **Celebra Pequeños Logros**: Reconoce y honra incluso los pasos más pequeños hacia adelante. Cada avance es valioso en tu camino.

5. **Revisa y redefine tus límites**
   Los límites son una parte esencial del amor propio y a menudo deben revisarse a medida que evolucionamos
   - **Evalúa tus Relaciones**: Asegúrate de que las personas en tu vida respeten y apoyen tu bienestar.
   - **Establece Límites**: Protege tu energía y prioriza lo que realmente importa para ti.

6. **Abraza el crecimiento y la sanación**
   El amor propio requiere crecimiento continuo y abordar heridas no resueltas.
   - **Busca Sanación**: Trabaja en traumas o creencias limitantes que puedan estar frenándote. La terapia, el coaching o recursos de autoayuda pueden ser herramientas valiosas .
   - **Persigue el Crecimiento**: Explora nuevas oportunidades para expandir tu conocimiento, habilidades y autoconciencia.

7. **Celebra tu evolución**
   A medida que avanzas en la vida, honra los cambios y el progreso que has logrado.
   - **Reflexiona sobre tu Camino**: Tómate un momento para mirar atrás y reconocer lo lejos que has llegado. Cada experiencia, desafío y aprendizaje ha contribuido a tu crecimiento .
   - **Acepta el Envejecimiento**: Con cada año que pasa, honra la sabiduría, la fuerza y la experiencia que has ganado.

8. **Practica actos diarios de amor**
   El amor propio se construye a través de acciones constantes e intencionales.
   - **Hábitos Diarios**: Un momento de atención plena, una comida saludable o una simple afirmación refuerzan tu valía cada día.
   - **Gestos Más Grandes Cuando Sea Necesario**: A veces, el amor propio implica tomar decisiones trascendentales, como cambiar de carrera, salir de una relación tóxica o comenzar un nuevo capítulo en la vida.

9. **Rodéate de positividad**
   Las personas y los entornos que eliges tienen un impacto profundo en tu viaje de amor propio.
   - **Cultiva Relaciones de Apoyo**: Rodéate de personas que te inspiren, te motiven y te ayuden a crecer.

- **Crea Espacios Nutritivos**: Llena tu entorno con cosas que te traigan paz y alegría.

10. **Se paciente y amable contigo mismo**

    El amor propio es un proceso de toda la vida, no una solución rápida.
    - **Abraza el Viaje**: Habrá días más fáciles y otros más desafiantes. Confía en que cada paso, por pequeño que sea, te acerca a una mejor versión de ti mismo.
    - **Celebra el Progreso**: Incluso los momentos de lucha son parte de tu historia y merecen ser reconocidos.

Reflexión final

El amor propio como práctica de toda la vida se trata de comprometerte con tu bienestar, crecimiento y felicidad en cada etapa de la vida. Es la base para vivir auténticamente, abrazar tu camino único y crear una vida plena.

Comienza hoy, recordando que el amor propio no es algo que se logre, sino algo que se practica, se nutre y se celebra cada día.

CAPÍTULO 6
Cultivando el Amor Propio y la Autoaceptación

El amor propio y la autoaceptación son fundamentales para sanar y nutrir al niño interior. Si bien, necesita amor, validación y cuidado, es esencial que el adulto consciente también asuma la responsabilidad de brindarse estos mismos cuidados. En este capítulo, exploraremos cómo aprender a cuidar de uno mismo desde una perspectiva madura y amorosa, y cómo desarrollar herramientas efectivas para fomentar el amor propio y la autoaceptación.

Como aprender a cuidar de ti mismo desde la perspectiva del adulto consciente

El amor propio comienza cuando asumimos la responsabilidad de ser nuestros propios cuidadores emocionales. Nuestro niño interior necesita ser amado y aceptado por el adulto que somos ahora. A menudo, la falta de amor propio surge de la desatención o el desconocimiento sobre cómo cuidar nuestras emociones y necesidades

Como adultos conscientes, podemos tomar decisiones que favorezcan nuestro bienestar emocional y físico. El amor propio no solo se trata de reconocer nuestras cualidades positivas, sino también de aceptar nuestras imperfecciones y vulnerabilidades. Al cuidar de nosotros mismos de manera consciente y compasiva, estamos brindando al niño interior el amor y la atención que necesita para sanar.

Herramientas para desarrollar amor propio
1. Afirmaciones Positivas:

Las afirmaciones son una herramienta poderosa para cultivar el amor propio. Repetir afirmaciones diarias ayuda a cambiar los patrones de pensamiento negativos y a reprogramar nuestra mente hacia la aceptación y el cuidado.

Las afirmaciones no solo refuerzan nuestra autoestima, sino que también envían un mensaje de amor y compasión al niño interior.

Ejemplos de afirmaciones para el amor propio:

- "Soy digno de amor y respeto."
- "Me acepto tal y como soy, con mis imperfecciones."
- "Merezco todo lo bueno que la vida tiene para ofrecer."
- "Soy suficiente y valioso tal como soy."

2. Cuidado Físico:

El cuidado del cuerpo es una forma tangible de expresar amor propio. Esto incluye comer bien, hacer ejercicio regularmente, dormir lo suficiente y cuidar de nuestra salud en general. Al tratar nuestro cuerpo con respeto y atención, mostramos al niño interior que es digno de cuidado y respeto. Hacerlo fortalece nuestra autoestima y nos ayuda a sentirnos mejor con nosotros mismos.

3. Cuidado Emocional:

El cuidado emocional implica permitirnos sentir nuestras emociones y darles el espacio que necesitan para ser procesadas. Esto incluye practicar la autocompasión, no juzgarnos por nuestras emociones y tratar nuestras propias heridas con amabilidad. Establecer límites saludables, aprender a decir no cuando sea necesario y buscar ayuda cuando lo necesitemos también son formas de cuidar nuestra salud emocional.

4. Practicar el Perdón Propio:

Perdonarnos por los errores del pasado es fundamental para cultivar el amor propio. Todos cometemos errores, pero no debemos permitir que esos errores definan nuestra valía. La autoaceptación llega cuando dejamos ir los sentimientos de culpa y vergüenza, y nos permitimos aprender y crecer a partir de nuestras experiencias.

Ejercicio de visualización: Abrazando al niño Interior

La visualización es una técnica poderosa para sanar al niño interior y fomentar el amor propio. Este ejercicio te ayudará a conectar profundamente con tu niño interior y brindarle el amor y la validación que necesita desde tu "yo" adulto.

Instrucciones para la visualización:

1. Siéntate en un lugar tranquilo y cómodo. Cierra los ojos y respira profundamente, relajando tu cuerpo y mente.

2. Imagina que te encuentras en un espacio seguro y amoroso. Puede ser un sitio real o imaginario, como un jardín, una playa o una habitación cálida y acogedora.

3. Visualiza a tu niño interior frente a ti. Puede ser cualquier versión de ti mismo, desde la infancia hasta la niñez temprana. Imagina cómo se ve, cómo se siente, y qué emociones está experimentando.

4. Ahora, como el adulto consciente que eres, acércate a tu niño interior. Dile que lo amas y que siempre estarás allí para él. Abrázalo con cariño y déjale saber que está a salvo y protegido.

5. Permite que el niño interior sienta tu amor incondicional. Valida sus emociones, sin juzgarlas, y asegúrate de que sepa que es suficiente tal como es.

6. Pasa unos minutos abrazando y consolando a tu niño interior. Deja que cualquier emoción que surja se libere con suavidad y compasión.

7. Cuando sientas que el momento ha finalizado, dile a tu niño interior que siempre estarás allí para él, listo para apoyarlo cuando lo necesite.

La importancia del amor propio en el proceso de sanación

El amor propio es esencial para sanar al niño interior. Aprender a cuidarnos, tanto emocional como físicamente, nos ayuda a construir una base sólida para la autoaceptación y la paz interior. Este proceso es continuo, ya que el niño interior siempre necesitará amor, atención y validación.

Cultivar el amor propio no solo nos permite sanar las heridas del pasado, sino que también permite que el niño interior crezca y se desarrolle en un entorno de amor y aceptación. Al nutrirnos con compasión y cuidado, también fomentamos nuestra capacidad para amar a los demás de manera más profunda y auténtica.

Recuerda que el amor propio no es un destino, sino un viaje continuo. A medida que sigues nutriendo tu relación contigo mismo, te acercarás más a un estado de bienestar emocional y paz interna.

Profundizando en la práctica del amor propio

Mientras que las prácticas básicas del amor propio—afirmaciones, cuidados físicos y emocionales, y perdón personal—son esenciales, el verdadero viaje hacia abrazar el amor propio requiere esfuerzo y compromiso constantes. A continuación, se presentan técnicas y enfoques adicionales para profundizar tu práctica de amor propio y cultivar una conexión duradera con tu niño interior.

1. Cultivando la atención plena (Mindfulness) y la presencia

La atención plena (mindfulness) es una herramienta esencial para el amor propio porque nos ayuda a permanecer presentes en el momento, sin juicio, permitiéndonos conectarnos completamente con nosotros mismos. Cuando practicamos la atención plena, somos más capaces de escuchar las necesidades y emociones de nuestro niño interior en tiempo real, sin perdernos en arrepentimientos pasados o preocupaciones futuras.

Técnicas de mindfulness:

- **Meditación de escaneo corporal:** Acuéstate o siéntate cómodamente. Lentamente, lleva tu atención a diferentes partes de tu cuerpo, comenzando desde los pies y ascendiendo hasta la cabeza. Observa cualquier tensión o sensación, y respira hacia ellas. Esta práctica te ayuda a reconectar con tu cuerpo y liberar emociones negativas o estrés acumulado.

- **Ejercicios de respiración:** Focaliza tu atención en tu respiración, inhalando profundamente por la nariz y exhalando lentamente por la boca. Esta práctica, simple pero poderosa, te ayudará a mantenerte centrado y reducir el desbordamiento emocional, creando espacio para el amor propio.

Ser consciente de tus necesidades emocionales te permite responder con compasión, en lugar de reaccionar impulsivamente, lo cual es un aspecto importante del amor propio. Al estar presente, creas un espacio para la sanación y el crecimiento, sin la interferencia de presiones externas o pensamientos negativos.

2. Estableciendo límites y diciendo NO

Uno de los actos más profundos de amor propio es aprender a establecer límites. Los límites son esenciales para proteger nuestro bienestar emocional, físico y mental. Establecer límites significa honrar nuestras necesidades y nuestro espacio personal, permitiéndonos proteger a nuestro niño interior de daños, estrés o agotamiento.

Cómo establecer límites:

- **Conocer tus límites:** Reflexiona sobre lo que te drena o te agobia. Identifica situaciones, personas o actividades que violan tu paz o bienestar.

- **Ser claro y directo:** Cuando necesites decir no o limitar tu interacción con los demás, hazlo con amabilidad y claridad. No necesitas dar explicaciones largas; una simple frase como "Ahora necesito cuidar de mí" es suficiente.

- **Practicar el respeto por ti mismo:** Establecer límites no solo se trata de decir no a los demás, sino de decir sí a ti mismo. Reconoce que tienes derecho a priorizar tu bienestar sin sentirte culpable.

Los límites saludables no solo te protegen de la negatividad externa, sino que también demuestran a tu niño interior que eres capaz de abogar por tus propias necesidades y seguridad emocional.

3. Participando en el juego del niño interior

El niño interior florece en entornos donde el juego, la alegría y la creatividad son fomentados. Participar en actividades lúdicas como adulto nos permite reconectar con la alegría natural y la espontaneidad de la infancia. Cuando jugamos, nos recordamos a nosotros mismos que la vida está hecha para ser disfrutada y que merecemos ser felices y libres

Formas de participar en el juego:

- **Bailar libremente:** Pon tu música favorita y deja que tu cuerpo se mueva sin preocuparte por cómo luce. La libertad de movimiento puede ayudarte a reconectar con la energía juguetona de tu niño interior.

- **Crear arte:** Ya sea dibujando, pintando o haciendo manualidades, la expresión creativa es una excelente forma de canalizar la naturaleza juguetona del niño interior. No te preocupes por la perfección, enfócate en el proceso, no en el resultado.

- **Reír a menudo:** Rodéate de personas o actividades que te hagan reír. La risa es una forma natural de liberar estrés y de conectar con la alegría.

El juego te permite salir temporalmente de las demandas de la vida adulta y disfrutar de los placeres simples que vienen de estar completamente presente y libre. Al participar en el juego, le reafirmas a tu niño interior que está bien sentir alegría y que mereces experimentar la felicidad.

4. Celebrando tus logros

Parte del amor propio es reconocer y celebrar tus logros, sin importar cuán pequeños parezcan. A menudo, estamos tan enfocados en lo que debemos mejorar que olvidamos reconocer lo lejos que hemos llegado. Celebrar tus éxitos ayuda a reforzar tu sentido de valía y construye un refuerzo positivo para el autocuidado.

Cómo celebrar:

- **Practica la gratitud:** Cada día, toma un momento para reflexionar sobre lo que has logrado, por pequeño que sea. Expresa gratitud por el progreso realizado y recuérdate a ti mismo que cada paso hacia adelante es un logro.

- **Date un premio:** Después de completar una tarea o alcanzar una meta, recompénsate de manera significativa. Ya sea tomando un día libre, comprándote algo especial o simplemente relajándote, asegúrate de reconocer tus esfuerzos.

- **Crea un "diario de éxitos":** Anota tus logros en un diario. Cuando te sientas decaído o dudoso, vuelve a mirar todo lo que has alcanzado y recuérdate a ti mismo tus fortalezas.

Celebrar tus logros refuerza tu autoestima y fortalece la conexión entre el yo adulto y el niño interior. Esto refuerza un ciclo positivo de cuidado y atención, promoviendo el amor propio a largo plazo.

5. Reparentando al niño interior

Reparentar es la práctica de nutrir a tu niño interior con el amor y cuidado que quizás no recibiste en la infancia. Como adulto, ahora tienes la capacidad de proporcionar la validación emocional y el apoyo que tu niño interior necesita.

Cómo reparentar:

- **Habla amablemente contigo mismo:** Evita la autocrítica severa. En cambio, habla contigo mismo como hablarías a un niño amado: con suavidad, amabilidad y aliento.

- **Ofrece consuelo:** Cuando te sientas asustado o inseguro, ofrece consuelo a tu niño interior. Recuérdate a ti mismo que eres capaz, que estás a salvo y que eres amado, tal como lo harías para consolar a un niño en apuros.

- **Crea un ambiente nutritivo:** Rodéate de personas y espacios que apoyen tu bienestar y te hagan sentir cuidado. El entorno físico puede ser tan importante en la nutrición del niño interior como el entorno emocional.

Reparentar te permite reescribir tu narrativa y sanar las heridas emocionales que quedaron sin ser atendidas. Al proporcionar amor y cuidado a tu niño interior, cultivas un ciclo continuo de autocompasión y auto empoderamiento.

El amor propio con una práctica de toda la vida
El viaje del amor propio es continuo y duradero. Al integrar prácticas como el mindfulness, el establecimiento de límites, el juego, la celebración y el reparentado, creas un entorno nutritivo en el que tanto tu yo adulto como tu niño interior pueden prosperar. A medida que continúas fortaleciendo esta relación, abres la puerta a una sanación más profunda, llena de alegría y plenitud.

Recuerda, el proceso de amarte a ti mismo no se trata de la perfección, sino del progreso, la compasión y la aceptación. Tu niño interior siempre está contigo, y al abrazarlo con amor y cuidado, puedes crear una vida llena de paz, felicidad y libertad emocional.

CAPÍTULO 7
La Integración del Niño Interior en la Vida Diaria

Una vez que hayas comenzado a sanar y reconectar con tu niño interior, el siguiente paso es integrar esa conexión en tu vida diaria. El niño interior no es solo un concepto terapéutico que se aborda en momentos de introspección, sino que es una parte viva y vibrante de ti que necesita ser honrada constantemente. En este capítulo, exploraremos cómo mantener esa conexión con tu niño interior en tu rutina diaria, cómo escuchar sus necesidades y deseos, y cómo fortalecer esta relación con prácticas sencillas y efectivas.

Como mantener una conexión con el niño interior en la vida cotidiana

El niño interior no tiene que ser algo que solo se atiende en momentos específicos o en situaciones de crisis. Puedes establecer una conexión constante con esta parte de ti a través de la conciencia y la intención diaria. Al hacerlo, permites que el niño interior participe activamente en tus decisiones, relaciones y emociones.

Formas de mantener la conexión:
- **Practicar la auto escucha:** El niño interior se comunica a través de emociones y sensaciones. Practica el escuchar activamente lo que tu cuerpo y emociones están tratando de decirte. Esto implica tomar pausas durante el día para reflexionar sobre cómo te sientes y qué necesitas. Pregúntate: "¿Qué necesita mi niño interior en este momento? ¿Cómo puedo darle amor y atención?"
- **Observar tus reacciones emocionales:** Las reacciones emocionales intensas o desproporcionadas pueden ser señales de que el niño interior está tratando de comunicarse. Cuando sientas una respuesta emocional fuerte, haz una pausa y reflexiona sobre su origen. ¿Es

una respuesta relacionada con un evento actual o algo de tu pasado? Reconocer esta conexión te ayudará a comprender mejor las necesidades de tu niño interior.

- **Establecer rituales de conexión:** Dedica unos minutos al día para conectar con tu niño interior de manera consciente. Puede ser tan simple como poner la mano sobre tu corazón y decirle a tu niño interior que lo amas y lo apoyas. También puedes usar estos momentos para reflexionar sobre algo que disfrutes hacer o algo que te haga sentir feliz.

Practicas diarias para escuchar y honrar al niño interior

La integración del niño interior en la vida diaria requiere prácticas conscientes que honren sus emociones, deseos y necesidades. Aquí hay algunas actividades diarias que te ayudarán a mantener una relación más profunda con esta parte de ti mismo:

- **Meditar y visualizar:** Dedica algunos minutos cada día a meditar o visualizar a tu niño interior. Cierra los ojos, respira profundamente y visualiza a tu niño interior en un entorno seguro y amoroso. Imagina que estás cuidando y abrazando a esa parte de ti. Este tipo de visualización refuerza tu conexión y te recuerda que tu niño interior siempre está contigo, esperando ser escuchado.

- **Escribir para tu niño interior:** Mantén un diario donde te dirijas a tu niño interior. Pregúntale cómo se siente y qué necesita. Anímalo a expresarse sin juzgarlo. Esto te permitirá escuchar sus pensamientos y emociones, y te ayudará a integrar sus necesidades en tu vida diaria.

- **Crear rituales de autocuidado:** Haz del autocuidado una práctica diaria que no solo beneficie a tu yo adulto, sino también a tu niño interior. Esto puede incluir actividades simples pero significativas, como tomar un baño relajante, hacer ejercicio, disfrutar de una comida saludable o practicar una afición que te haga sentir bien.

- **Jugar y ser espontáneo:** El niño interior florece cuando se le permite jugar. Si tienes hijos, juega con ellos de manera genuina. Si no los tienes, haz espacio para actividades espontáneas que te permitan ser creativo y libre, como dibujar, bailar o explorar la naturaleza. Estas actividades no solo son divertidas, sino que también refuerzan la relación con tu niño interior, permitiéndote experimentar el mundo con un sentido de maravilla y asombro.

Ejercicio de afirmaciones: Crear un mantra para tu niño interior

Las afirmaciones son una herramienta poderosa para sanar y reforzar la relación con tu niño interior. Al crear un mantra que hable directamente a las necesidades y emociones de tu niño interior, puedes fortalecer su confianza y bienestar emocional. Este ejercicio es ideal para practicar a lo largo del día o cada vez que necesites reconecta.

Pasos para crear un mantra para tu niño interior:

1. **Reflexiona sobre lo que tu niño interior necesita escuchar.** ¿Qué le haría sentir amado y seguro? Piensa en frases que puedan calmar sus miedos, validar sus emociones y reforzar su sentido de valía. Por ejemplo:
   - "Te amo y te acepto tal y como eres."
   - "Eres digno de amor y felicidad."
   - "Tu voz es importante y me importa lo que sientes."
   - "Estoy aquí para cuidarte y protegerte."

2. **Hazlo personal.** Crea afirmaciones que resuenen con tus propias experiencias y que aborden las heridas emocionales que has sanado. Personaliza el mantra para que hable directamente a tu niño interior de una manera que le brinde consuelo y confianza.

3. **Repite las afirmaciones a diario.** Cada mañana, cuando te despiertes o antes de dormir, repite las afirmaciones en voz alta o en silencio. Si lo deseas, puedes mirarte al espejo mientras lo haces para reforzar el amor propio y la conexión con tu niño interior.

4. **Usa el mantra cuando necesites reconectar.** Durante el día, si te sientes desconectado o emocionalmente abrumado, repite el mantra para calmarte y restablecer tu conexión con el niño interior. Esto puede ayudarte a restablecer el equilibrio emocional y a tomar decisiones desde un lugar de autocuidado.

Integrando al niño interior en el flujo de la vida

El niño interior no debe ser una parte aislada de ti; debe ser una presencia activa y amorosa que influya en tus decisiones, relaciones y bienestar general. Al integrar prácticas como el auto escucha, el autocuidado, el juego y las afirmaciones, puedes asegurarte de que tu niño interior esté siempre presente y atendido en tu vida diaria.

Recuerda que mantener esta conexión es un acto de amor profundo y respeto hacia ti mismo. Cada momento en que eliges escuchar y honrar a tu niño interior, estás cultivando una vida más equilibrada, alegre y auténtica.

Reconociendo las señales de desconexión del niño interior

A veces, puede ser fácil perder el contacto con el niño interior debido a las demandas de la vida adulta, las responsabilidades y el entumecimiento emocional. Sin embargo, es importante estar atentos a las señales que indican que estamos desconectados de esta parte de nosotros mismos. Reconocer estas señales puede ayudarnos a actuar y restablecer la relación con nuestro niño interior.

Señales de desconexión:

- **Sentimientos de entumecimiento o desapego:** Si te sientes emocionalmente distante o desconectado de tus sentimientos, puede ser una señal de que tu niño interior no está siendo reconocido. El niño interior está profundamente conectado con las emociones, por lo que cuando sientes entumecimiento o desconexión, podría indicar que estás suprimiendo o ignorando tus necesidades emocionales.

- **Estrés excesivo o sentirse abrumado:** Cuando el niño interior se descuida, puede manifestarse como estrés, ansiedad o una sensación de estar abrumado. Tu niño interior puede necesitar atención y cuidados para calmar estos sentimientos.

- **Falta de alegría o espontaneidad:** El niño interior se asocia con la alegría, la espontaneidad y la diversión. Si la vida empieza a sentirse demasiado seria o monótona, o si te cuesta experimentar placer, puede ser porque el niño interior no está siendo permitido expresarse.

- **Dificultad para practicar la autocompasión o el autocuidado:** Si tienes dificultades para ser amable contigo mismo o te autocriticas constantemente, puede ser una señal de que el niño interior está herido y necesita cuidados. Si luchas por ser amable contigo mismo o por darte gracia, tu niño interior podría necesitar consuelo y validación.

Crear una rutina para el cuidado del niño interior

La clave para mantener una conexión duradera con el niño interior es la consistencia. Establecer una rutina diaria que incluya prácticas para nutrir esta parte de ti asegura que no solo estás atendiendo a tu niño interior en momentos de crisis, sino que estás cultivando activamente una relación amorosa todos los días. Esto puede ser especialmente importante durante tiempos difíciles o cuando te sientes desconectado.

Prácticas diarias para cuidar de tu niño interior:

- **Comienza cada día con afirmaciones y amor:** Antes de dejarte envolver por las demandas de la vida diaria, tómate un momento por la mañana para establecer la intención de honrar a tu niño interior. Háblale con amor, diciéndole que está seguro, que es amado y que merece ser cuidado.

- **Involúcrate en actividades creativas regularmente:** Ya sea dibujar, bailar, escribir o tocar un instrumento, incorporar la expresión creativa en tu vida diaria es una de las mejores formas de mantenerte conectado con tu niño interior. Incluso 15 minutos al día pueden ser transformadores.

- **Haz espacio para la alegría:** A lo largo del día, busca pequeños momentos de alegría. Puede ser a través de la risa, interacciones juguetonas o simplemente una caminata en la naturaleza. Crea deliberadamente oportunidades para la diversión, ya que el niño interior prospera con la alegría espontánea y la exploración.

- **Descansa y recárgate:** Tu niño interior también necesita descanso y relajación. Tómate descansos cuando sea necesario y permite que tu cuerpo y mente se recarguen. Cuidarte con descanso es esencial para mantener al niño interior equilibrado y nutrido.

- **Escribe para sanar:** Mantén un diario donde escribas sobre tus sentimientos, pensamientos y experiencias. Permite que tu niño interior se exprese en este espacio sin juicio. Usa el diario para procesar emociones y reflexionar sobre tu progreso.

Profundizando la conexión con el niño interior

A medida que continúas practicando estos rituales y honrando a tu niño interior, profundizarás la relación y cultivarás una sensación más profunda de paz interior y alegría. Aprenderás a confiar en tus emociones, abrazar tu vulnerabilidad y permitir que tu verdadero ser brille. A continuación encontraras algunas prácticas que pueden ayudarte a profundizar la conexión con tu niño interior:

Prácticas adicionales para fortalecer el vínculo con tu niño interior:

- **Practica el diálogo interior:** A lo largo del día, mantén un diálogo continuo con tu niño interior. Pregúntale qué necesita, cómo se siente y qué quiere. Déjalo expresarse libremente sin juicio ni crítica. Esta conversación interna ayuda a construir confianza y refuerza tu compromiso de nutrir esta parte de ti.

- **Crea un "espacio sagrado" para tu niño interior:** Puede ser un espacio físico o mental donde te conectes con tu él. Tal vez un rincón especial en tu hogar para realizar actividades creativas o un refugio tranquilo en tu mente donde puedas acudir durante la meditación. Contar con un espacio designado para esta conexión hace que sea más fácil nutrirla de manera consistente.

- **Regala a tu niño interior el regalo de la presencia:** Estar presente con tu niño interior significa ser emocionalmente consciente y responder con amor y cuidado cuando exprese miedo, tristeza o alegría. Acompañarlo en sus momentos de vulnerabilidad refuerza el vínculo y le brinda seguridad.

- **Celebra a tu niño interior:** Reconoce y honra sus fortalezas y su crecimiento. Puedes celebrar los hitos de tu proceso de sanación, reconociendo lo lejos que has llegado al abrazar a tu niño interior y honrar sus necesidades.

Crear una visión para el futuro con tu niño interior

Un aspecto clave de integrar al niño interior en la vida diaria es construir una visión para el futuro juntos. Tu niño interior posee dones y cualidades únicas que pueden enriquecer enormemente tu vida adulta. Al incorporar su energía creativa, juguetona y espontánea de tu niño interior en tus metas, sueños y aspiraciones, puedes crear un futuro satisfactorio y significativo.

Cómo crear una visión para el futuro con tu niño interior:

1. **Establece metas con alegría y emoción:** Al planificar tu futuro, invita a tu niño interior a formar parte del proceso. ¿Qué sueños tenía en la infancia que aún resuenan hoy? ¿Qué te emocionaría como

adulto? Infunde tus metas con diversión y pasión, en lugar de seguir una estructura rígida.

2. **Visualiza juntos tu futuro ideal:** Imagina a tu niño interior a tu lado mientras avanzas en la vida. ¿Cómo se ve tu futuro ideal cuando vives en armonía con tu niño interior? Imagina un futuro donde ambos prosperan y se apoyan mutuamente.

3. **Toma acción inspirada:** Una vez que tengas una visión clara, da pasos concretos hacia ella. Anima a tu niño interior a salir de su zona de confort y explorar nuevas posibilidades contigo. Al avanzar y celebrar cada logro, construirás un futuro que nutra tanto a tu niño interior como a tu yo adulto.

Vivir en armonía con tu niño interior

La integración del niño interior en la vida diaria no es un acto único, sino un viaje continuo de escuchar, nutrir y honrar esta parte esencial de ti mismo. A través de prácticas diarias, autocompasión y conexión intencional, crearás una vida que honre tanto tus responsabilidades adultas como las necesidades de tu niño interior por amor, alegría y creatividad. Al presentarte constantemente para tu niño interior, cultivas una sensación de totalidad y autenticidad que te apoyará en todas las áreas de tu vida.

CAPÍTULO 8
Transformando los Relacionamientos a través de la Sanación del Niño Interior

Como la conexión entre el niño interior impacta nuestras relaciones

Nuestras relaciones interpersonales suelen reflejar la relación que tenemos con nuestro niño interior. Si esta parte de nosotros está herida o ignorada, podemos manifestar inseguridades, miedos o patrones de dependencia en nuestras relaciones. Por el contrario, cuando sanamos y reconectamos con nuestro niño interior, nuestras relaciones se vuelven más saludables, auténticas y enriquecedoras.

- **Reconociendo patrones de heridas:** Muchos conflictos en las relaciones tienen raíces en las heridas de la infancia. Estos patrones pueden incluir el miedo al rechazo, la necesidad de aprobación constante o la dificultad para establecer límites.

- **Impacto positivo de la sanación:** Al sanar al niño interior, cultivamos una mayor autocomprensión, lo que nos permite relacionarnos desde un lugar de amor propio y confianza. Además, sanación nos ayuda a ver a los demás con más empatía, reconociendo sus propias luchas internas.

Consejos para una comunicación honesta y autentica, reconociendo vulnerabilidades

La conexión con el niño interior fomenta una comunicación más genuina. Cuando somos conscientes de nuestras vulnerabilidades y las aceptamos, podemos expresarnos con más claridad y desde el corazón.

Estrategias clave para mejorar la comunicación:
- **Reconocer las emociones antes de responder:** Ante un conflicto, tomate un momento para identificar cómo se siente tu niño interior. Esto te ayudará a responder desde un lugar de comprensión, en lugar de reaccionar impulsivamente.

- **Hablar desde la vulnerabilidad:** Expresa tus sentimientos y necesidades con honestidad. Usa frases como "Me siento..." o "Necesito..." para comunicarte, en lugar de culpar o atacar.

- **Escucha activa:** Permite que los demás compartan sus emociones sin interrupciones ni juicios. Así como necesitas ser escuchado, ellos también lo necesitan.

- **Establecer límites saludables:** Proteger a tu niño interior implica aprender a decir "no" cuando algo no resuena contigo. Establecer límites claros fortalece tanto tu autoestima como tus relaciones.

Transformando patrones en relaciones

La sanación del niño interior puede transformar relaciones tóxicas o desafiantes. Al comprender cómo las heridas de la infancia afectan tus interacciones actuales, puedes comenzar a cambiar patrones negativos.

- **Identificar relaciones reflejo:** Algunas relaciones pueden reflejar dinámicas familiares no resueltas. Pregúntate: ¿Esta persona me recuerda a alguien de mi infancia? ¿Estoy buscando llenar un vacío emocional?

- **Romper ciclos:** Al sanar tus heridas, rompes patrones que antes parecían inevitables. Esto puede significar cambiar cómo interactúas en una relación existente o, en algunos casos, dejar relaciones que ya no son saludables.

- **Practicar el perdón mutuo:** A medida que sanas, es posible que desees ofrecer perdón a quienes te hirieron en el pasado. Esto no significa justificar sus acciones, sino liberarte del peso emocional que cargas.

Actividad: Explorando el niño interior y tus relaciones

Este ejercicio te ayudará a profundizar en cómo tu niño interior percibe tus relaciones actuales y lo que necesita para sentirse más seguro y amado.

Instrucciones:
1. **Busca un espacio tranquilo:** Siéntate con un cuaderno y un bolígrafo en un lugar donde te sientas cómodo y sin distracciones.
2. **Conéctate con tu niño interior:** Cierra los ojos, respira profundamente y visualiza a tu niño interior. Imagina que está frente a ti, dispuesto a compartir sus pensamientos y emociones.
3. **Hazle preguntas sobre tus relaciones:**
   - ¿Cómo se siente en las relaciones actuales?
   - ¿Qué personas le hacen sentir amado, seguro o feliz?
   - ¿Hay alguien que lo haga sentir inseguro o herido?
   - ¿Qué necesita de ti para sentirse mejor en estas relaciones?
4. **Escribe desde la perspectiva del niño interior:** Anota lo que tu niño interior te comunica. Usa su voz y sus palabras, sin censurar o analizar.
5. **Reflexiona y toma acción:** Revisa lo que escribiste. ¿Qué pasos puedes tomar para mejorar tus relaciones y atender las necesidades de tu niño interior?

Integrando al Niño Interior en las relaciones

El viaje de sanación no termina en ti; impacta directamente en cómo te relacionas con los demás. Al honrar a tu niño interior, estableces una base sólida para relaciones más auténticas y significativas.

Consejos para una integración efectiva:
- **Cultiva la paciencia:** Se comprensivo tanto contigo mismo como con los demás. La sanación y el cambio en las relaciones requieren tiempo y compromiso.
- **Celebra los avances:** Reconoce cada pequeño paso que das hacia relaciones más saludables, incluso si el progreso parece lento.
- **Crea nuevas dinámicas:** Permite que tus relaciones evolucionen de manera que reflejen tu crecimiento personal y la conexión con tu niño interior.

Relaciones en Armonía

Sanar a tu niño interior es un acto de amor propio que se refleja en tus interacciones con los demás. A medida que profundizas en tu conexión contigo mismo, construyes relaciones basadas en respeto, comprensión y autenticidad. Al permitir que tu niño interior sea escuchado y honrado, no solo transformas tus relaciones, sino también la manera en que te ves a ti mismo y al mundo que te rodea.

Transformando los relacionamientos a través de la sanación del niño interior

1. El efecto de la sanación del Niño Interior en las relaciones

Cuando sanas a tu niño interior, la transformación no se queda en ti; se extiende hacia tus relaciones, tanto íntimas como sociales.

- **Cambio en los estilos de apego:** Sanar a tu niño interior puede ayudarte a pasar de un apego inseguro (ansioso o evitativo) a un estilo de apego seguro, lo que lleva a vínculos más saludables basados en la confianza y el respeto mutuo.

- **Mayor empatía:** Comprender tus propias heridas aumenta tu capacidad de empatizar con los demás, creando una base para conexiones más profundas y significativas.

- **Romper ciclos generacionales:** Al sanar, te conviertes en un ejemplo para quienes te rodean, especialmente los niños, evitando perpetuar patrones negativos.

2. Retos comunes en las relaciones vinculados a las heridas del Niño Interior

Sanar al niño interior ayuda a iluminar desafíos específicos en las relaciones que pueden tener sus raíces en heridas pasadas:

- **Miedo a la intimidad:** Si tu niño interior fue abandonado o lastimado, puedes tener dificultades para abrirte emocionalmente por temor a ser herido nuevamente.

- **Sobre dependencia:** La falta de validación o atención en la infancia puede generar una necesidad constante de aprobación en las relaciones adultas.

- **Problemas de control:** Si creciste en un entorno caótico, podrías intentar controlar tus relaciones para ganar seguridad.

- **Evitación del conflicto:** Haber vivido en un hogar donde los conflictos no se manejaban bien puede llevarte a reprimir tus necesidades para evitar enfrentamientos.

Solución: Reconoce estos patrones y abórdalos con compasión y paciencia. La terapia, la práctica del mindfulness y el journaling pueden ser herramientas útiles para trabajar estos desafíos.

3. Profundizando la conexión a través de la vulnerabilidad compartida

Sanar al niño interior te permite presentarte en las relaciones con autenticidad, lo que abre el camino para vínculos más profundos. La vulnerabilidad no es una debilidad; es una fortaleza.

Formas de fomentar la vulnerabilidad compartida:

- **Comparte tu proceso:** Habla abiertamente sobre tu sanación con personas de confianza. Esto puede inspirar crecimiento y comprensión mutuos.

- **Reconoce tus emociones:** En lugar de reprimir tus sentimientos, exprésalos en el momento. Por ejemplo, "Me siento inseguro al hablar de esto porque…"

- **Fomenta la sanación mutua:** Invita a tus seres queridos a explorar su propio trabajo con su niño interior. Sanar juntos fortalece las relaciones y crea un propósito compartido.

4. Actividad: Reescribiendo narrativas relacionales

Este ejercicio te ayuda a identificar y transformar las historias que te cuentas sobre tus relaciones.

Pasos:

1. **Identifica patrones recurrentes:** Reflexiona sobre tus relaciones pasadas y actuales. ¿Notas algún patrón en tu comportamiento, como miedo al abandono, complacencia excesiva o defensividad?

2. **Explora sus orígenes:** Escribe sobre cuándo y dónde pudieron comenzar estos patrones. ¿Se originaron en tu relación con tus cuidadores o hermanos?

3. **Reescribe la narrativa:** Sustituye la creencia limitante por una nueva y empoderadora. Por ejemplo:
    - Creencia limitante: "Siempre alejo a las personas porque no puedo confiar en nadie."
    - Nueva creencia: "Estoy aprendiendo a confiar en mí mismo y a atraer a personas que me valoran y respetan."

4. **Visualiza dinámicas más saludables:** Cierra los ojos e imagina una relación en la que tu niño interior se sienta seguro, amado y respetado. Observa cómo se siente en tu cuerpo esta nueva experiencia.

5. Afirmaciones para nutrir las relaciones

Crear y repetir afirmaciones ayuda a reprogramar tu mente para abrazar patrones relacionales más saludables. Algunas afirmaciones para fomentar la conexión mientras sanas a tu niño interior incluyen:

- "Soy digno de amor, respeto y amabilidad."
- "Atraigo relaciones que honran mis límites y nutren mi crecimiento."
- "Confío en mi capacidad para tomar decisiones que se alineen con mi mayor bienestar."
- "Perdono a los demás y a mí mismo, liberando el pasado para crear un presente amoroso."
- "Honro las necesidades de mi niño interior en todas mis relaciones."

6. Sanando relaciones rotas a través del trabajo con el Niño Interior

Si bien algunas relaciones pueden necesitar distancia o cierre, otras pueden sanar con esfuerzo intencional y trabajo interno.

Pasos para reparar relaciones:

1. **Pide disculpas sinceras:** Asume la responsabilidad por tu parte en los malentendidos o conflictos pasados, reconociendo cómo tus heridas pudieron haber influido en la relación.

2. **Expresa tus necesidades:** Comparte lo que tu niño interior desea de la relación en el futuro, ya sea más comprensión, tiempo o apoyo.

3. **Practica el perdón:** Trabaja en perdonar a la otra persona, no necesariamente por ella, sino para liberarte del peso emocional.

4. **Reconstruye la confianza:** Restaura la confianza a través de una comunicación constante, abierta y honesta.

7. El camino hacia relaciones plenas

Sanar a tu niño interior no solo transforma tu vida interna, sino también tus relaciones. Convierte el miedo en amor, la dependencia en apoyo mutuo y la evitación en conexión. Al integrar las necesidades y la voz de tu niño interior, creas espacio para relaciones más saludables, armoniosas y llenas de significado, tanto con los demás como contigo mismo.

CAPÍTULO 9
La Relación con Nuestros Padres

La influencia de las dinámicas familiares en el Niño Interior

La relación con nuestros padres juega un papel fundamental en la formación de nuestras creencias, valores y patrones emocionales. Desde temprana edad, aprendemos sobre el mundo y nuestro lugar en él a través de las interacciones con nuestras figuras parentales.

Impactos comunes de las dinámicas familiares:

- **Padres sobreprotectores:** Pueden generar inseguridad o dependencia excesiva, impidiendo que el niño interior desarrolle autonomía.

- **Padres críticos o autoritarios:** Pueden sembrar sentimientos de insuficiencia, miedo al fracaso o perfeccionismo.

- **Padres ausentes emocional o físicamente:** Pueden causar una sensación de abandono o dificultad para establecer vínculos profundos en la adultez.

Reconocer estas influencias es un paso esencial para liberar al niño interior de patrones que ya no sirven.

Comprender y sanar la relación con los padres

La sanación no siempre implica confrontar físicamente a los padres; en muchos casos, se trata de un proceso interno que transforma la manera en que percibimos nuestras experiencias pasadas.

a) Reconociendo las intenciones detrás de las acciones:

Es posible que nuestros padres hayan actuado desde sus propias heridas o limitaciones. Reflexionar sobre esto puede ayudarnos a desarrollar empatía sin justificar comportamientos dañinos.

b) Reconciliando expectativas y realidad:

El niño interior a menudo guarda expectativas no cumplidas hacia los padres, como desear más atención, apoyo o amor incondicional. Aceptar que nuestros padres son humanos con imperfecciones nos libera del resentimiento y la decepción.

c) Estableciendo límites saludables:

Para sanar, es importante definir lo que estás dispuesto a aceptar en la relación actual con tus padres, priorizando tu bienestar emocional.

Ejercicio: Reflexión a través de cartas o dibujos

Este ejercicio te permitirá explorar tu relación con tus padres desde la perspectiva de tu niño interior.

Opción 1: Carta a tus padres

1. Encuentra un espacio tranquilo y toma papel y lápiz.

2. Escribe desde el corazón, expresando cómo te sentiste en tu infancia y cómo te afectan esas emociones en el presente.

    - Puedes incluir agradecimientos, reproches o deseos.

3. Decide si deseas compartir esta carta con ellos o guardarla como un acto simbólico de liberación.

Opción 2: Dibujos

1. Dibuja escenas que representen momentos importantes con tus padres, ya sean positivos o negativos.

2. Observa los patrones emocionales que emergen en tus ilustraciones.

3. Reflexiona sobre lo que esos momentos significaron para ti y cómo deseas transformarlos internamente.

Técnicas para trabajar la sanación interna

a) Meditación de reconciliación:

Imagina a tus padres frente a ti y visualiza una conversación en la que ambos expresan sus sentimientos y buscan comprensión mutua.

b) Role-playing en terapia:

Trabajar con un terapeuta para interpretar las interacciones con tus padres puede ayudarte a liberar emociones reprimidas y encontrar nuevas perspectivas.

c) Liberación emocional a través del journaling:
Escribe sin restricciones sobre tus sentimientos hacia tus padres. Este proceso puede revelar heridas ocultas y ayudarte a procesarlas.

Afirmaciones para sanar la relación con los padres

Repite estas frases para reprogramar creencias limitantes y fomentar la sanación:

- "Mis padres hicieron lo mejor que pudieron con las herramientas que tenían."
- "Libero el resentimiento y el dolor del pasado para abrazar el presente con paz."
- "Soy suficiente, independientemente de las expectativas de mis padres."
- "Honro mi camino mientras respeto el de mis padres."

Reescribiendo la relación con los padres

Sanar la relación con nuestros padres no siempre significa transformar la relación externa, sino reescribir nuestra percepción interna. A través de un trabajo consciente, podemos liberar al niño interior de la carga de expectativas no cumplidas, perdonar desde un lugar de fortaleza y aceptar la imperfección humana de nuestras figuras parentales.

Este proceso no solo abre nuevas formas de conexión con nuestros padres, sino también con nosotros mismos y con quienes elegimos tener en nuestras vidas.

Dinámicas familiares y su impacto en las creencias del Niño Interior

Las interacciones con nuestros padres y familiares cercanos no solo afectan nuestra infancia, sino que dejan una huella profunda en las creencias que llevamos a la adultez. Algunas de estas creencias pueden ser limitantes y, al reconocerlas, podemos comenzar a transformarlas:

- **Creencias sobre el amor:** "Debo ganarme el amor" o "El amor siempre duele."
- **Creencias sobre el valor personal:** "No soy suficiente" o "Solo valgo si cumplo con las expectativas."

- **Creencias sobre la confianza:** "No puedo confiar en los demás" o "Siempre debo protegerme."

Identificar estas creencias es el primer paso para reconocer cómo las dinámicas familiares han influido en el niño interior. Al hacerlo, podemos iniciar un proceso de sanación y transformación de estas ideas limitantes.

Reconociendo los roles familiares y sus efectos

Dentro de las dinámicas familiares, cada miembro a menudo asume un rol específico que tiene un impacto en la manera en que se relaciona con los demás. Estos roles pueden dar forma a los patrones de comportamiento y creencias del niño interior. Aquí algunos ejemplos:

- **El "niño modelo" o perfeccionista:** Se siente obligado a cumplir con las expectativas para ganar amor y aceptación.

- **El "rebelde" o desafiante:** Busca atención o validación a través de conductas disruptivas.

- **El "mediador" o pacificador:** Trata de mantener la paz, a menudo sacrificando sus propias necesidades.

- **El "invisible" o aislado:** Tiende a retraerse para evitar conflictos o atención negativa.

Explorar estos roles te permite comprender mejor las estrategias de afrontamiento que desarrollaste durante la infancia y cómo esas estrategias siguen influyendo en tu vida adulta. Sanar estas creencias y roles te ayudará a liberar al niño interior de patrones limitantes y a crear una vida más auténtica y equilibrada.

Transformando heridas a través de la compasión

a) Practicando la empatía:

Reflexiona sobre las circunstancias en las que crecieron tus padres. Considera cómo sus propias experiencias de vida pueden haber influido en la forma en que se relacionaron contigo.

b) Liberando la culpa y la vergüenza:

Es común que el niño interior cargue con emociones como culpa ("Fue mi culpa que mis padres no estuvieran felices") o vergüenza ("Hay algo malo en mí"). Reconocer que estas emociones no te pertenecen es liberador.

c) **Reescribiendo la narrativa:**
Cambia la historia que te cuentas sobre tu relación con tus padres. En lugar de enfocarte solo en el dolor, busca momentos de amor, aprendizaje o resiliencia que hayas desarrollado gracias a esa relación.

Actividades para profundizar en la relación con los padres

a) **Crear un árbol genealógico emocional:**
1. Dibuja un árbol genealógico y, en cada rama, escribe las emociones o patrones que identificas en los miembros de tu familia.
2. Reflexiona sobre cómo esos patrones han influido en ti y cuáles deseas mantener o transformar.

b) **Meditación guiada para conectar con tus padres internos:**
1. Encuentra un lugar tranquilo, cierra los ojos y respira profundamente.
2. Visualiza a tus padres cuando eran jóvenes, enfrentando sus propios miedos e inseguridades.
3. Ofrece perdón y amor a esas versiones de ellos desde tu corazón.

c) **Ejercicio de cartas múltiples:**
Escribe tres cartas:

- Carta **de dolor y desilusión:** Expresa todo lo que has sentido, las heridas no sanadas y las expectativas no cumplidas.

- Carta **de agradecimiento:** Agradece lo positivo que tus padres han aportado a tu vida, incluso si es pequeño.

- Carta **de liberación:** Libérate de expectativas y acepta a tus padres tal como son, reconociendo sus limitaciones humanas. Puedes decidir guardar estas cartas como parte de tu proceso o destruirlas como un acto simbólico de liberación.

Reconstruyendo la relación con los padres en la adultez

No todas las relaciones con los padres pueden repararse de forma directa, pero muchas pueden mejorar al cambiar nuestra forma de interactuar con ellos:

- **Comunicación consciente:** Habla desde un lugar de honestidad y calma, expresando tus necesidades sin atacar ni culpar.

- **Reconocimiento mutuo:** Reconoce los esfuerzos y emociones de tus padres mientras comunicas tus propias experiencias.

- **Establecimiento de límites saludables:** Aprende a decir "no" cuando sea necesario y a priorizar tu bienestar emocional.

Afirmaciones para cultivar una relación sana con los padres

- "Elijo liberar el pasado y vivir el presente con paz."
- "Acepto a mis padres tal como son, sin expectativas irreales."
- "Reconozco mis heridas y me permito sanarlas con amor."
- "Tengo el poder de crear una relación diferente con mis padres, basada en respeto y empatía."

Reflexión final: Sanar la relación con nuestros padres

La relación con nuestros padres es una de las más profundas y complejas de nuestra vida. Al sanar estas conexiones, no solo liberamos a nuestro niño interior de las cargas del pasado, sino que también abrimos espacio para nuevas dinámicas de amor y aceptación en todas nuestras relaciones.

Sanar no siempre significa acercarse físicamente, sino aprender a relacionarnos desde un lugar de madurez y compasión, tanto con ellos como con nosotros mismos.

CAPÍTULO 10
La Influencia de la Sociedad y la Cultura

Las presiones sociales y culturales: Moldeando al Niño Interior

La sociedad y la cultura tienen un papel significativo en la formación de nuestras creencias, valores y comportamientos desde la infancia. Estas influencias externas pueden impactar la relación con nuestro niño interior, generando patrones de autoexigencia, represión emocional o inseguridad.

a) Expectativas sociales:

Desde temprana edad, la sociedad impone normas sobre cómo debemos comportarnos, qué metas debemos perseguir y cómo debemos definir el éxito.

Ejemplos de creencias impuestas:

- *"Debes ser el mejor en la escuela para ser alguien en la vida."*
- *"Las emociones son una señal de debilidad."*

Estas presiones pueden desconectarnos de nuestra esencia auténtica y de las necesidades reales de nuestro niño interior.

b) Estereotipos de género y roles sociales:

Las normas culturales sobre cómo deben comportarse los niños pueden limitar la expresión de la creatividad, las emociones o los intereses personales.

Ejemplos:

- A los niños se les dice que *"no lloren"*, reforzando la idea de que la vulnerabilidad no es aceptable.
- A las niñas se les anima a ser *"complacientes y cuidadoras"*, lo que puede llevar al autosacrificio en la adultez

c) **La comparación social:**

El entorno escolar, laboral y digital (como las redes sociales) fomenta comparaciones constantes, lo que puede generar inseguridad y disminuir la autoestima del niño interior.

Identidad y pertenencia: Impacto en la autoimagen

Nuestra identidad está profundamente influida por la cultura en la que crecemos. Esto afecta la forma en que nos vemos a nosotros mismos y cómo nos relacionamos con nuestro niño interior.

a) **La búsqueda de pertenencia:**

El deseo de encajar en una comunidad o grupo puede llevarnos a reprimir aspectos auténticos de nuestra personalidad para cumplir con las expectativas culturales.

b) **La influencia de los medios de comunicación:**

Las representaciones de belleza, éxito y felicidad en la televisión, el cine y las redes sociales pueden distorsionar la autoimagen y desconectar al niño interior de su valor intrínseco.

c) **La internalización de normas culturales:**

Sin darnos cuenta, adoptamos creencias impuestas por la cultura que influyen en nuestra autoestima y bienestar.

Ejemplo de creencias limitantes:

- *"Descansar es ser perezoso."*
- *"El éxito solo se mide por logros materiales."*

Actividades para identificar y transformar creencias culturales

a) **Ejercicio: Identificando Creencias Limitantes Culturales**
  1. Haz una lista de frases o creencias culturales que escuchaste durante tu infancia.

     Haz una lista de frases o creencias culturales que escuchaste durante tu infancia y que pueden haber moldeado tu forma de pensar.
     Ejemplo:
     "El trabajo duro es más importante que la felicidad."
     "Siempre debes complacer a los demás."

2. Reflexiona sobre cómo estas creencias han influido en tus decisiones y tu relación contigo mismo.

3. Sustituye cada creencia limitante con una afirmación positiva y empoderadora.

   Ejemplo: Cambia "Siempre debo ser perfecto" por "Mi autenticidad es suficiente."

b) Visualización Guiada: Recuperando la Autenticidad
1. Encuentra un lugar tranquilo para relajarte.
2. Cierra los ojos y visualiza una versión de ti mismo de niño, antes de ser influenciado por las normas sociales.
3. Imagina que esta versión de ti se libera de etiquetas, expectativas y comparaciones.
4. Conecta con esa libertad y pregúntale al niño interior qué necesita para sentirse auténtico y pleno.

c) Crear un Mapa Cultural Personal
1. Dibuja un mapa que represente las influencias culturales más importantes en tu vida (familia, religión, comunidad, medios de comunicación, etc.).
2. Identifica cuáles de estas influencias te han acercado a tu verdadero yo y cuáles te han alejado.
3. Reflexiona sobre los cambios que podrías hacer para priorizar las influencias positivas.

Redefiniendo la relación con la sociedad

a) Practicar la autoaceptación:
Reconoce que no tienes que cumplir con todas las expectativas culturales para ser valioso o digno de amor.

b) Crear tu propia definición de éxito:
En lugar de aceptar las definiciones sociales de éxito, pregúntate: "¿Qué es lo que realmente me hace feliz y pleno?"

c) Celebrar la diversidad cultural:
Aprende a valorar y respetar las diferencias culturales en los demás mientras eliges conscientemente las creencias que deseas incorporar a tu vida.

Afirmaciones para liberarse de la influencia cultural negativa
Repite estas afirmaciones para fortalecer tu autenticidad y desapegarte de creencias que ya no te sirven:

- "Honro mi autenticidad y escucho mi voz interior."
- "Libero las creencias que ya no sirven a mi bienestar."
- "Tengo el poder de crear una vida basada en mis propios valores."
- "Acepto que no necesito encajar en todos los estándares sociales para ser valioso."

La sociedad como una herramienta de crecimiento
Si bien la sociedad y la cultura pueden imponer restricciones y presiones, también nos ofrecen oportunidades valiosas para reflexionar, aprender y evolucionar. Al tomar conciencia de cómo estas influencias han moldeado nuestra relación con el niño interior, podemos tomar decisiones más conscientes para vivir de manera auténtica y alineada con nuestro verdadero ser.

Comprendiendo el papel de los cambios culturales en el niño interior
a) La Evolución Cultural y el Niño Interior
A medida que las sociedades evolucionan, también lo hacen sus valores y expectativas culturales. Estos cambios pueden influir tanto positiva como negativamente en nuestra relación con el niño interior.

En los últimos años, ha crecido la conciencia sobre la salud mental, el autocuidado y el bienestar emocional, lo que puede contribuir a sanar al niño interior.

Por otro lado, el avance acelerado de la tecnología y la presión de las redes sociales han generado un aumento en los sentimientos de inadecuación, ansiedad y desconexión.

b) Navegar las Expectativas Culturales en el Mundo Moderno
La sociedad actual suele estar marcada por altas expectativas en torno al éxito profesional, la vida familiar y el estatus social. Sin embargo, muchas de estas presiones no consideran las necesidades emocionales del individuo ni de su niño interior.

- **Ejemplo:** La demanda social de "rendimiento" constante en el lugar de trabajo o en los logros personales puede resultar en agotamiento o en que la autoestima se vincule con la validación externa.

- **Desconexión Cultural:** A medida que las culturas se globalizan, algunas personas pueden sentirse desconectadas de sus raíces o experimentar confusión sobre su identidad cultural, lo que afecta su bienestar emocional.

Las necesidades del niño interior en relación con la condición social

El niño interior a menudo tiene una fuerte necesidad de amor, seguridad y validación, sin embargo, las normas sociales y culturales pueden suprimir o distorsionar estas necesidades. Comprender cómo los mensajes sociales pueden contradecir estas necesidades básicas es clave para la sanación.

a) La Necesidad de Validación Emocional

El niño interior necesita ser visto y escuchado, pero la sociedad nos enseña a suprimir las emociones, especialmente aquellas consideradas "negativas" o "débiles" (como la tristeza, ira o vulnerabilidad).

- **Ejemplo:** A los niños se les puede decir que "los niños no lloran", mientras que a las niñas se les puede exigir que siempre sean cariñosas o complacientes, lo que lleva a la supresión emocional y dificultad para expresar sentimientos auténticos.

b) La Necesidad de Amor Incondicional

Los ideales culturales sobre belleza, éxito y logro pueden imponer condiciones para el amor y la aceptación, priorizando la apariencia o el estatus social. Como resultado, el niño interior puede sentir que no es digno a menos que cumpla con estos estándares.

- **Solución:** Es fundamental recuperar la idea de que el amor es incondicional y que el valor no se determina por factores externos.

Reconectando con el niño interior más allá de las expectativas culturales

a) Crear Nuevas Narrativas Culturales

Una forma de sanar al niño interior es crear activamente nuevas y más saludables narrativas culturales. Esto implica reevaluar las viejas creencias y desarrollar nuevos marcos para el amor propio, la felicidad y la expresión emocional.

- **Ejemplo:** En lugar de valorar únicamente el éxito material, enfócate en la inteligencia emocional, la compasión y el crecimiento personal como logros valiosos.

- **Manifiesto Personal:** Escribe un manifiesto de valores que se alineen con tu verdadero ser, más allá de las expectativas sociales. Por ejemplo, "Valoro la bondad, la honestidad emocional y la conexión profunda sobre los logros externos."

b) Encontrar Autenticidad en un Mundo Multicultural

En una sociedad multicultural, existen múltiples maneras de definir la identidad personal. Reconectar con el niño interior permite encontrar autenticidad dentro de marcos culturales diversos.

- **Ejemplo:** Podrías encontrar un sentido de paz al reconectar con prácticas culturales que resuenen contigo, incluso si no son ampliamente reconocidas en la sociedad principal.

- **Proceso:** Participa en prácticas que honren tu herencia, como la cocina tradicional, el arte, la música o las prácticas espirituales, pero hazlo de una manera que se alinee con tus valores y necesidades actuales.

Influencias sociales y el crecimiento del Niño Interior

Las presiones sociales pueden ser abrumadoras, pero comprender y trabajar con estas influencias puede fomentar el crecimiento emocional y la autoconciencia.

a) Redes Sociales y el Niño Interior

Las plataformas digitales suelen presentar una versión idealizada de la realidad, lo que puede generar sentimientos de inadecuación o soledad.

- **Efecto en el Niño Interior:** El niño interior puede sentirse descuidado o no "lo suficientemente bueno" al compararse con otros en las redes sociales.

- **Práctica de Sanación:** Limita la exposición a las redes sociales, enfócate en las conexiones auténticas y crea una comunidad en línea que fomente la expresión positiva de uno mismo.

b) Recuperando Tu Poder de los Estándares Sociales

Uno de los pasos clave para sanar al niño interior es recuperar el poder personal frente a las normas y expectativas culturales.

- **Ejemplo:** Cuestiona la idea de que debes lucir de cierta manera, alcanzar un estatus determinado o vivir en un lugar específico para ser feliz.

- **Práctica:** Establece límites personales y prioriza el autocuidado y la salud emocional sobre la presión de ajustarte a estándares externos.

Cultivando Resiliencia emocional frente a los desafíos culturales

a) Resiliencia emocional y el Niño Interior

La resiliencia emocional es la capacidad de recuperarse de la adversidad. El niño interior puede volverse más resiliente al aprender a navegar los desafíos culturales con autoconciencia e inteligencia emocional.

- **Práctica:** Refuerza tu resiliencia mediante la atención plena, la respiración consciente y la auto reflexión para desarrollar fortaleza emocional.

b) Crear un Sistema de Apoyo para el Niño Interior

Rodearse de una comunidad que respalde la sanación emocional es fundamental para el bienestar del niño interior.

- **Entorno de Apoyo:** Busca personas que afirmen tu valor, respeten tus límites y fomenten la expresión emocional auténtica.

Reflexiones finales sobre el impacto de la sociedad y la cultura

La intersección de la sociedad, la cultura y el niño interior es compleja. Mientras que las influencias sociales y culturales pueden limitar o distorsionar nuestro sentido del ser, también ofrecen oportunidades para el crecimiento, la conexión y la sanación. Al entender estas presiones y aprender a navegar conscientemente a través de ellas, podemos crear una vida más auténtica y plena.

Puntos Clave:
- Las expectativas sociales y culturales pueden potenciar o dificultar el bienestar emocional del niño interior.
- Sanar implica reconocer el impacto de estas expectativas y elegir creencias que se alineen con tu verdadero ser.

- Recuperar la autenticidad significa rechazar creencias culturales limitantes y abrazar el auto empoderamiento.

Con estas herramientas, puedes construir una vida que nutra las necesidades de tu niño interior y fomente una conexión más profunda con tu esencia.

CAPÍTULO 11
Nutriendo al Niño Interior a través de Relaciones Adultas

Nuestro niño interior necesita un entorno seguro y amoroso para sanar, crecer y prosperar. Las relaciones adultas que cultivamos tienen el poder de convertirse en ese espacio seguro donde nuestras necesidades emocionales son reconocidas y honradas. Este capítulo explora cómo construir y mantener relaciones que nutran a nuestro niño interior mientras promueven nuestro bienestar emocional.

Construyendo relaciones sanas: Un refugio para el Niño Interior

El niño interior prospera en relaciones cálidas, fiables y empáticas. Una conexión saludable no solo nos permite sentirnos amados y aceptados, sino que también crea un espacio donde podemos explorar nuestra vulnerabilidad sin temor al juicio.

Elementos clave para construir relaciones saludables:

- **Límites claros y respetuosos:** Reconocer nuestras propias necesidades y las de los demás ayuda a establecer un equilibrio saludable entre dar y recibir.
- **Comunicar expectativas:** Expresar lo que valoramos en una relación evita malentendidos y fomenta la transparencia.
- **Practicar la empatía:** Escuchar activamente y validar los sentimientos de los demás fortalece la confianza y la conexión emocional.
- **Ser genuino:** Permitirnos ser auténticos inspira a otros a hacer lo mismo, creando un entorno donde el niño interior se sienta libre de expresarse.

Ejemplos de Relaciones Saludables en la Práctica
- Un amigo que se comunica regularmente y ofrece un oído atento cuando necesitas apoyo.
- Una pareja que respeta tu necesidad de tiempo a solas y entiende tus límites.
- Un familiar que reconoce tus emociones y proporciona ánimo en lugar de críticas.

Comunicando necesidades emocionales

Expresar nuestras necesidades emocionales puede ser un desafío, especialmente si no estamos acostumbrados a hacerlo. Sin embargo, comunicar eficazmente nuestras necesidades es esencial para nutrir a nuestro niño interior y construir relaciones significativas.

Aquí tienes algunas estrategias prácticas:

1. **Identifica tus necesidades:** Reflexiona sobre lo que tu niño interior necesita en este momento. Podría ser apoyo, afirmación o simplemente ser escuchado.

2. **Habla desde el corazón:** Usa frases como "Me siento…" o "Necesito…" para expresar tus emociones y necesidades de manera directa y vulnerable.

3. **Evita culpar:** En lugar de señalar con el dedo a los demás, enfócate en cómo te sientes y qué necesitas para sentirte apoyado.

4. **Solicita retroalimentación:** Pregunta cómo se sienten los demás respecto a tus necesidades y explora cómo pueden trabajar juntos para satisfacerlas.

Escenarios para Practicar
- **Escenario 1:** Te sientes abrumado en el trabajo y necesitas apoyo emocional de tu pareja.
  Podrías decir:
  "Me siento muy estresado con mi trabajo ahora mismo. Me ayudaría mucho si pudieras escucharme y estar conmigo esta noche."

- **Escenario 2:** Un amigo cercano interrumpe constantemente cuando compartes algo personal.
  Podrías decir:
  "Valoro nuestras conversaciones, pero me siento ignorado cuando me interrumpes. ¿Podemos trabajar en darnos espacio para hablar?

Practicar la comunicación emocional fomenta relaciones donde las necesidades de ambas partes son reconocidas y respetadas, reforzando el sentido de seguridad de tu niño interior.

Ejercicio: Crea un "Mapa de Apoyo" que incluya personas que nutren al Niño Interior

Este ejercicio te ayudará a identificar y fortalecer las relaciones que nutren a tu niño interior. Tómate unos minutos para reflexionar y completar los siguientes pasos:

1. **Haz una lista de tu red de apoyo:** Escribe los nombres de las personas en tu vida que te hacen sentir seguro, amado y valorado. Estas pueden incluir amigos, familiares, parejas o incluso terapeutas.

2. **Clasifica tus conexiones:** Agrupa a estas personas en categorías según el tipo de apoyo que brindan, como apoyo emocional, práctico o inspiracional.

3. **Evalúa la reciprocidad:** Reflexiona sobre cómo estas relaciones también se benefician de tu presencia y cómo puedes contribuir a su bienestar.

4. **Visualiza tu red:** Dibuja un mapa colocando a ti mismo en el centro y conectando a las personas de apoyo a tu alrededor, indicando la naturaleza de cada relación.

5. **Fortalece los lazos:** Identifica formas de profundizar estas relaciones, como pasar más tiempo juntos o expresar tu gratitud hacia ellos.

Consejos para Usar tu Mapa de Apoyo
- Mantenlo visible en un lugar donde puedas verlo como recordatorio de tu red de apoyo.
- Actualízalo periódicamente a medida que evolucionen tus relaciones.
- Úsalo como herramienta para acercarte a alguien cuando te sientas vulnerable o necesites apoyo.

Desafíos comunes y como superarlos
- **Miedo al Rechazo:** Es normal temer que expresar tus necesidades pueda llevar al rechazo. Recuérdate que las relaciones saludables se construyen sobre el respeto mutuo y la comprensión.

- **Dependencia Excesiva:** Aunque es esencial apoyarse en los demás, mantener un equilibrio e independencia asegura que las relaciones permanezcan saludables y sostenibles.
- **Conexiones Tóxicas:** Si una relación constantemente drena tu energía o disminuye tu autoestima, puede ser momento de reevaluar su lugar en tu vida.

Al nutrir a nuestro niño interior a través de relaciones adultas, aprendemos a construir conexiones que reflejan amor, respeto y comprensión. Estas relaciones no solo fortalecen nuestra autoestima y bienestar emocional, sino que también nos permiten vivir con mayor autenticidad y plenitud.

CAPÍTULO 12
El Poder del Juego en la Vida Adulta

La vida adulta no tiene que ser una rutina constante de responsabilidades y seriedad. El juego nos ofrece la oportunidad de reconectarnos con nuestra esencia más pura, experimentar alegría auténtica y encontrar un equilibrio entre nuestras obligaciones y nuestro bienestar emocional. En este capítulo, profundizaremos en la importancia del juego y cómo integrarlo de manera efectiva en nuestras vidas.

Los beneficios psicológicos del juego

El juego no solo es divertido; también tiene un impacto positivo profundo en nuestra mente y emociones.

Estimula la Neuro plasticidad

El juego ayuda a nuestro cerebro a crear nuevas conexiones, promoviendo la flexibilidad mental y la capacidad de adaptarnos a cambios. Esto es especialmente útil en la resolución de problemas y la innovación en la vida cotidiana.

Refuerza la Resiliencia

A través del juego, podemos experimentar desafíos en un ambiente seguro, lo que nos enseña a manejar frustraciones y a encontrar soluciones creativas.

Fomenta el Autodescubrimiento

Jugar nos permite explorar nuestras pasiones, redescubrir intereses olvidados y comprender mejor quiénes somos fuera de nuestras responsabilidades diarias.

Redefinir el juego en la vida adulta

Muchas personas creen que el juego es solo para niños, pero esto no podría estar más lejos de la verdad. El juego adulto puede ser cualquier actividad que brinde disfrute, relaje la mente y despierte emociones positivas.

Juegos Solitarios

El juego no siempre requiere la presencia de otros; hay actividades que puedes disfrutar en soledad y que nutren tu creatividad y conexión interna.

- **Rompecabezas:** Resolver puzzles o sudokus estimula el cerebro y proporciona una sensación de logro.
- **Videojuegos:** Aunque a menudo subestimados, muchos videojuegos ofrecen narrativas profundas y mundos creativos que pueden inspirar y relajar.
- **Jardinería:** Plantar y cuidar un jardín puede ser una experiencia meditativa y divertida.

Juegos de Grupo

La interacción social a través del juego nos ayuda a construir relaciones significativas y fortalecer los lazos existentes.

- **Escape Rooms:** Resolver desafíos en equipo fomenta la cooperación y la creatividad.
- **Noches temáticas de juegos:** Organiza una noche de juegos de mesa o cartas, como Uno o juegos de estrategia como Catan.
- **Deportes recreativos:** Jugar al frisbee o al baloncesto puede ser tanto un ejercicio físico como una fuente de diversión.

Juegos Sensoriales y Creativos

Algunos juegos nos conectan con nuestros sentidos y nos llevan de vuelta a experiencias simples pero poderosas.

- **Cocinar como juego:** Experimentar con recetas o decoraciones puede ser tanto una actividad creativa como una fuente de alegría.
- **Manualidades:** Proyectos como origami, scrapbooking o tejer son actividades relajantes que te permiten expresarte.

Ejercicio: Diseña tu propio plan de juegos

Este ejercicio no solo es práctico sino transformador. Dedicar tiempo al juego de manera intencional puede revitalizar tu conexión con el niño interior.

1. **Identifica tus intereses:** Piensa en actividades que te entusiasmaron en la infancia. ¿Te gustaba pintar? ¿Construir cosas? Usa esto como inspiración.

2. **Establece un tiempo:** Agenda un día o una tarde a la semana para enfocarte en jugar, como harías con cualquier otra actividad importante.

3. **Prepara tu espacio:** Organiza un lugar cómodo y lleno de elementos que te inviten a divertirte: materiales de arte, juegos de mesa o incluso un playlist alegre.

4. **Explora y experimenta:** No te límites a un solo tipo de actividad. Cambia entre juegos físicos, creativos y sociales para descubrir lo que más disfrutas.

5. **Reflexiona:** Después de cada sesión de juego, dedica unos minutos para anotar cómo te sentiste. Esto te ayudará a reconocer los beneficios del juego en tu bienestar.

Superando las barreras para jugar

En la adultez, pueden surgir obstáculos que nos impiden jugar. Reconocerlos y abordarlos nos permite disfrutar plenamente de esta actividad tan esencial.

- "No tengo tiempo para jugar."
  Solución: Prioriza el juego como parte de tu autocuidado. Incluso 15 minutos pueden hacer una gran diferencia.

- "Jugar es inmaduro."
  Solución: Redefine el juego como una herramienta de bienestar, no como algo exclusivo de la infancia.

- "No sé cómo empezar."
  Solución: Experimenta. Prueba diferentes actividades hasta encontrar lo que te haga sentir pleno y alegre.

El juego es mucho más que una actividad recreativa; es una puerta hacia nuestra autenticidad, creatividad y alegría. Al permitirnos jugar, cultivamos una conexión más profunda con nosotros mismos y con los demás, encontrando en el proceso un camino hacia una vida más equilibrada y llena de significado.

Recuerda, nunca es tarde para jugar. ¡Atrévete a redescubrir el poder transformador del juego en tu vida adulta!

CAPÍTULO 13
Creando un Espacio Seguro para el Niño Interior

El niño interior, esa parte vulnerable y auténtica de nuestro ser, necesita un entorno seguro donde pueda expresarse libremente, sanar heridas emocionales y redescubrir la alegría. En este capítulo, exploraremos cómo crear ese espacio tanto en nuestro entorno externo como en nuestro mundo interior.

Cultivando un entorno seguro: Mas allá del hogar
Ambientes Externos Fuera de Casa

Crear espacios seguros no se limita a nuestro hogar. Existen otros lugares que pueden convertirse en refugios donde el niño interior se sienta valorado y protegido.

- **La naturaleza como refugio:** La conexión con la naturaleza tiene un efecto tranquilizador obre nuestras emociones. Explora un parque, un bosque, o simplemente siéntate junto a un río o el mar. Estos lugares ofrecen paz y una sensación de libertad que alimentan al niño interior.

- **Espacios creativos comunitarios:** Talleres de arte, estudios de danza, o grupos de lectura pueden ser entornos donde te sientas inspirado y acogido.

- **Bibliotecas o librerías:** Para quienes encuentran consuelo en la lectura, estos lugares pueden ser santuarios de calma e inspiración.

- **Clases o actividades grupales:** Aprender algo nuevo en un ambiente amigable puede brindarte alegría y despertar tu curiosidad, una cualidad natural del niño interior.

Crear Espacios Temporales

Si no tienes un lugar permanente, puedes crear un refugio temporal con pequeños gestos:

- Lleva contigo un objeto reconfortante, como un amuleto o una libreta para escribir pensamientos.

- Escucha música relajante con auriculares para construir un espacio emocional seguro en cualquier entorno.

- Dedica tiempo a rituales sencillos, como tomar un té en silencio, para reconectar contigo mismo.

Rituales avanzados de autocuidado

Los rituales de autocuidado no solo nutren al niño interior, sino que también fortalecen la conexión con nuestro ser adulto.

Meditaciones Guiadas para el Niño Interior

Las meditaciones enfocadas en el niño interior pueden ser muy efectivas para explorar emociones reprimidas y brindarle consuelo.

1. Encuentra un lugar tranquilo.

2. Cierra los ojos y visualiza un entorno seguro, como un jardín o una playa.

3. Imagina a tu niño interior en ese lugar. Habla con él, escúchalo, y ofrécele palabras de amor y seguridad.

4. Dedica unos minutos a abrazarlo simbólicamente, asegurándole que estás allí para cuidarlo.

Baños Terapéuticos

Un baño puede convertirse en un ritual de autocuidado profundo:

- Añade aceites esenciales relajantes, como lavanda o eucalipto.

- Usa juguetes de baño o burbujas, recordando momentos alegres de la infancia.

- Mientras te sumerges, visualiza como el agua limpia cualquier energía negativa, dejando solo calma y serenidad.

Jornadas de Reencuentro con la Infancia
- **Revive actividades favoritas:** Dedica un día a hacer cosas que amabas de niño, como volar un papalote, ver películas animadas, o jugar en un parque.
- **Escribe una carta a tu niño interior:** Exprésale amor, gratitud y comprensión por lo que han vivido juntos.

Ampliando el ejercicio del espacio sagrado

Un espacio sagrado no es estático; evoluciona contigo. Aquí hay ideas adicionales para enriquecer tu rincón especial:

Temas Personalizados

Diseña tu espacio en torno a un tema que resuene con tu niño interior:

- **"Cueva de Aventuras":** Llena el espacio con mapas, linternas, y decoraciones que inspiren exploración.
- **"Refugio Creativo":** Organiza materiales de arte, libros, o instrumentos musicales.
- **"Santuario de la Naturaleza":** Incluye plantas, piedras, o imágenes de paisajes que te conecten con la tranquilidad del exterior.

Renueva el Espacio Regularmente

- Cambia los objetos y la decoración según tus necesidades emocionales o la estación del año.
- Añade frases motivadoras o afirmaciones que te inspiren en tu proceso de sanación.

Conexión Sensorial

Incluye elementos que estimulen tus sentidos:

- **Tacto:** Mantas suaves, cojines cómodos o figuras que puedas manipular.
- **Oído:** Música relajante o sonidos de la naturaleza.
- **Vista:** Colores que te calmen o inspiren, como tonos pastel o vibrantes.
- **Olfato:** Incienso, velas aromáticas o difusores de aceites esenciales.
- **Gusto:** Un té favorito o dulces que te recuerden momentos felices.

Abrazando la vulnerabilidad del niño interior

A medida que construyes un entorno seguro, recuerda que el proceso no siempre será lineal. Habrá días en los que conectar con tu niño interior será fácil y otros en los que te sentirás distante. Esto es parte natural de la sanación.

Frases para Reconfortar al Niño Interior
- "Te amo tal y como eres."
- "Estoy aquí para protegerte."
- "Es seguro sentir lo que sientes."
- "Juntos podemos superar cualquier cosa."

Crear un espacio seguro para el niño interior no es solo un acto físico, sino una declaración de amor hacia ti mismo. Es un recordatorio constante de que mereces vivir en paz, alegría y autenticidad.

Recuerda que el espacio más seguro siempre estará dentro de ti, en el cuidado que te das y en la relación amorosa que cultivas con tu niño interior. ¡Construye ese refugio, y verás cómo florece la conexión con tu verdadero ser!

CAPÍTULO 14
Cuando el Niño y el Adulto se Unen, Nace la Libertad

Durante gran parte de nuestra vida, hemos creído que crecer significaba dejar atrás la infancia. Nos convencimos de que madurar era sinónimo de ser serios, responsables, productivos, incluso duros. Sin embargo, con el paso del tiempo, algo comienza a sentirse incompleto. Una voz suave nos susurra desde dentro, recodándonos que **no se trata de dejar atrás al niño,** sino de **volver a él... desde un lugar nuevo.**

La Falsa Separación

Nuestra sociedad nos enseña a dividirnos, a ser adultos funcionales que reprimen emociones y se desconectan de su sensibilidad. Pero esa separación interna tiene un precio. Cuando ignoramos al niño que fuimos -con sus heridas, su espontaneidad, sus necesidades-, dejamos de ser completos. El adulto se vuelve rígido, sobrecargado, a veces vacío. El niño, por su parte, se siente solo, ignorado, con miedo. El resultado: una vida vivida a medias.

¿Qué significa unir al niño con el adulto?

Unir al niño interior con el adulto consciente no es una fantasía espiritual. Es una práctica profunda de **reconocimiento, validad y amor propio.** El niño aporta la ternura, la creatividad, la emocion pura, la alegría de vivir. El adulto aporta el discernimiento, la accion, la protección, la dirección. Juntos, forman un ser completo, presente, libre.

Cuando el adulto escucha al niño sin juzgarlo, lo contiene sin reprimirlo, y los protege sin controlarlo, se produce una transformación interior. Ya no vivimos reactivamente desde la herida, sino conscientemente desde el amor.

"El adulto sano no elimina al niño. Lo abraza."

El error de pensar que crecer es olvidar

Desde pequeños comenzamos a recibir un mensaje implícito: "debes dejar de comportarte como un niño". Se nos dice que llorar es de débiles, que jugar es una pérdida de tiempo, que soñar despierto es inmaduro. Así poco a poco, fuimos ocultando nuestras emociones, nuestros impulsos creativos, nuestra ternura. Aprendimos a ponernos mascaras: la del fuerte, la del responsable, la del que siempre puede.

Pero ese "niño" nunca desapareció. Sigue ahí. Observando. Esperando. A veces gritando, no con palabras, sino con síntomas de ansiedad, vacío, desmotivación, bloqueos. Porque el niño no quiere desaparecer. Solo quiere ser visto, escuchado y amado.

El niño herido que vive en ti

Este niño interior guarda tus primeras heridas cuando no te sientes suficiente, cuando no fuiste amado como necesitabas, cuando aprendiste que tu valor dependía de tu rendimiento. Estas experiencias no se olvidan, se graban en el cuerpo y en la psique.

Cuando estas heridas no son atendidas, el niño herido toma el control de tu vida sin que te des cuenta. Se manifiesta en forma de reacciones desproporcionadas, inseguridades, dependencia emocional, necesidad de validación, miedo al abandono o a la soledad. Y el adulto, en lugar de detenerse a escuchar, muchas veces lo silencia o lo culpa.

"Tu niño no necesita que lo juzgues. Necesita que lo abraces."

El adulto que puede rescatar

El adulto que somos hoy tambien fue condicionado. Pero ahora, a diferencia de cuando éramos pequeños tenemos algo muy valioso que es la conciencia. Esa conciencia nos permite observar, comprender, elegir diferente. Y con ella podemos **convertirnos en el adulto que nuestro niño interior siempre necesito.**

El adulto sano:

- No reprime, contiene.
- No exige, guia.
- No critica, escucha.
- No abandona, acompaña.

Unir al niño con el adulto no es una metáfora poética. Es una realidad energética y psicológica. Se trata de reconocer que dentro de nosotros coexisten esas dos dimensiones, y que **cuando se integran, nace una tercera fuerza que es el ser auténtico.**

La libertad como resultado de la unión

La libertad que se alcanza al integrar al niño interior no es extrema. No depende de cambiar de pareja, de trabajo o de país. Es una libertad **interna, emocional, profunda.**

Porque ya no vivimos reaccionando desde viejas heridas. Porque ya no nos auto abandonamos. Porque empezamos a elegir lo que nos hace bien, en lugar de repetir lo que nos daña.

Es una libertad que permite:

- Decir "no" sin culpa
- Pedir ayuda sin sentir vergüenza
- Poner límites desde el amor
- Disfrutar sin la necesidad de merecerlo
- Crear sin miedo al juicio

"Cuando el adulto consciente toma de la mano al niño interior, la vida a no es una carga. Se convierte en una danza"

Ejercicio para practicar la unión

Cierra los ojos por un momento. Visualízate como el adulto que eres hoy, consciente y compasivo. Frente a tu, aparece tu niño interior. Puede tener miedo, rabia, entusiasmo o simplemente curiosidad. Míralo con amor. Acércate y dile: "Estoy aquí para ti. No volverás a estar solo. Vamos a caminar juntos de ahora en adelante."

El ego se debilita, el alma se expresa

La desconexión entre el niño interior y el adulto interior es uno de los mayores obstáculos en el camino espiritual. Nos fragmenta, nos divide. En cambio, cuando nos unificamos, el ego pierde fuerza porque ya no necesita defenderse, compararse ni aparentar. Entonces, el alma puede expresarse con claridad.

El alma no quiere que seamos perfectos. Quiere que seamos reales. Y para ser reales, necesitamos reconciliarnos con todas nuestras partes: la luz, la sombra, la herida y la sabiduría.

Ejercicio práctico: Carta de integración

"Querido niño... Se que estuviste solo por mucho tiempo. Se que lloraste en silencio y que te esforzaste por ser fuerte. Hoy quiero decirte que ya no estas solo. Que ahora estoy aquí contigo. No para exigirte nada, sino para escucharte, cuidarte y devolverte la alegría de vivir..."

Luego permite que tu niño te responda con lo que necesite expresar. Este ejercicio abre un canal profundo de comunicación interna. Puedes hacerlo una vez, o repetirlo cuantas veces sientas necesario.

El reencuentro más importante de tu vida

Muchas personas buscan respuestas afuera: en relaciones, en logros, en títulos, en viajes. Pero la sanación real no comienza cuando encontramos algo externo, sino cuando **nos reencontramos con aquello que dejamos atrás dentro de nosotros mismos.**

El niño que una vez fuiste sigue esperando. Tal vez lo ignoraste para sobrevivir. Tal vez le diste la espalda porque pensaste que era débil. Tal vez creíste que madurar esa olvidarlo.

Pero el verdadero reencuentro -ese que cambia tu vida- es el momento en que te sientas, cierras los ojos y dices:

"Estoy listo/a para mirarte. Esto listo/a para amarte. Esto listo/a para volver a ti."

Como se manifiesta la desconexión

Tal vez no lo sabias, pero cuando el niño y el adulto están desconectados, lo sentimos todo el tiempo, aunque no seamos conscientes del origen. Aquí algunos ejemplos:

- Exigencia extrema: Como adultos que buscan perfección, pero desde una necesidad no reconocida de aprobación.
- Evitar emociones: Como si sentir tristeza o miedo fuera una debilidad. Aprendimos que expresar emociones no era seguro.
- Autosabotaje: El niño quiere jugar, descansar, recibir amor...pero el adulte vive en modo "debo" y lo castiga por desear.

- Relaciones desequilibradas: Repetimos vínculos donde buscamos la figura que nos cuide o que nos confirme lo que valemos
- Vacío existencial: Nada nos llena porque estamos desconectados del alma. Que se comunica desde el niño interior.

"La desconexión no es olvido, es dolor negado"

Sanar no es vivir en el pasado, es abrazarlo

Muchas personas creen que sanar el niño interior es quedarnos en las heridas del pasado. Se trata de ir a buscar al niño que se quedo atrapado allí… y mostrarle que hoy ya no esta solo.

Sanar es:

- Validar lo que sentimos entonces.
- Hay que reconocer que no fue nuestra culpa.
- Aceptar que merecemos amor sin condiciones.
- Y Comprometernos a no repetir el abandono que una vez sufrimos… pero ahora, hacia nosotros mismos.

Tu niño interior es la puerta a tu autenticidad

¿Has notado que los niños no se preocupan por ser "aceptados"? Saltan, bailan, preguntan, sueñan. No necesitan una razón para reír. Esa autenticidad es el tesoro que aún vive en ti.

Cuando integras a tu niño interior:

- Tu voz se vuelve más autentica.
- Te expresas sin tantas mascaras.
- Recuperas tu poder creativo.
- Te vuelves mas compasivo contigo y con los demas.
- Te permites vivir con el alma, no solo con tu mente.

'El niño interior no desaparece cuando creces. Se esconde… esperando que lo vuelvas a invitar a vivir contigo."

Práctica de 5 minutos que puede cambiar tu vida

- Busca un lugar tranquilo. Siéntate con los pies en la tierra y la espalda recta.
- Cierra los ojos. Respira profundo tres veces.
- Visualiza una puerta que se abre. Al otro lado, esta tu niño interior.
- Obsérvalo. ¿Como se siente? ¿Qué te quiere mostrar hoy?

- Pregúntate: "¿Que necesitas de mi"? Y escúchalo con el corazón.
- Abre tus brazos (físicamente si puedes) y dile: "Eres parte de mí. Y nunca más estarás solo."

Haz esto a diario. Al principio puede que no sientas nada. Pero poco a poco, la relación se transforma. Y con ella… tu vida.

El alma unificada

Cuando el niño y el adulto se separan, hay conflicto interno. Pero cuando se encuentran, hay alineación, verdad, presencia.

Tu niño es la semilla. Tu adulto, el árbol. Pero solo juntos dan frutos.

Así que no temas mirar dentro. No temas volver a ti. No temas sentir.

Porque cuando el niño y el adulto se abrazan, no solo nace la libertad… nace tu alma completa.

CAPÍTULO 15
Testimonios de Sanación del Niño Interior

Historias de transformación

Este capítulo está dedicado a compartir historias reales de personas que han recorrido el desafiante pero enriquecedor camino de sanar a su niño interior. Estas historias son un testimonio vivo de que la sanación es posible y que los resultados pueden transformar todos los aspectos de la vida.

Testimonio 1: María y la reconciliación con su infancia

María, una mujer de 45 años, creció en un entorno familiar marcado por la crítica constante. Durante su proceso de sanación, se dio cuenta de que había adoptado una voz interna severa que la limitaba en su vida adulta. A través de la meditación y la escritura terapéutica, logró conectar con su niña interior y darle el amor y la aceptación que no había recibido. Hoy, María dice: "He aprendido a ser mi mejor amiga, y eso ha cambiado mi relación conmigo misma y con los demás".

Testimonio 2: José y la liberación del resentimiento

José, de 37 años, cargaba con un profundo resentimiento hacia su padre, quien había estado ausente durante su niñez. Enfrentar ese dolor lo llevó a un proceso de sanación que incluía terapia y visualizaciones guiadas. Una de las herramientas más poderosas para él fue escribir una carta a su niño interior, en la que le prometía ser el adulto protector que siempre quiso tener. Este acto simbólico le permitió liberar el resentimiento y abrirse a nuevas relaciones.

Testimonio 3: Ana y el despertar de la creatividad

Ana, una artista de 29 años, había perdido el contacto con su creatividad debido a una infancia llena de presiones académicas. Durante un taller de reconexión con el niño interior, volvió a descubrir la alegría de pintar sin juicios ni expectativas. Ahora, sus obras están llenas de colores vibrantes que reflejan su sanación interna.

Testimonio 4 - Felipe, 45 años:
"Mi niño interior se sintió muy abandonado durante mi infancia. Mis padres trabajaban mucho y, aunque me amaban, no sabían cómo brindarme el apoyo emocional que necesitaba. Al trabajar con mi niño interior, aprendí a ser mi propio padre y madre, dándome la seguridad y el amor que nunca recibí. La transformación no fue instantánea, pero con cada paso, empecé a sentirme más completo. Hoy, me siento más capaz de manejar mis emociones, más conectado con mi creatividad y, sobre todo, más en paz conmigo mismo."

Testimonio 5 - Elena, 38 años:
"Durante años, me sentí atrapada en una relación tóxica, en parte porque mi niño interior temía ser abandonado de nuevo, como sucedió cuando era niña. Al empezar a sanar, entendí que mi valor no dependía de lo que los demás pensaran de mí. Comencé a establecer límites claros y a ponerme como prioridad. Fue un proceso difícil, pero liberador. Hoy, disfruto de relaciones saludables y soy capaz de amarme incondicionalmente."

Testimonio 6 - Juan, 50 años:
"Mi relación con mi niño interior comenzó cuando comencé a sentirme constantemente ansioso y abrumado por la vida. A través de la terapia y la meditación, aprendí que mi ansiedad era el resultado de traumas no resueltos de mi infancia. Al permitirme sentir y sanar esas emociones, empecé a liberarme de la ansiedad que me había acompañado durante tantos años. Ahora, cada vez que siento que la ansiedad comienza a aparecer, reconozco que es una oportunidad para conectar con mi niño interior y brindarle consuelo."

Lecciones aprendidas

A través de estas historias, aprendemos que el proceso de sanación es único para cada persona, pero hay elementos comunes que todos comparten:

1. **La importancia de la autocompasión:** Una lección crucial que muchos aprenden durante el proceso de sanación del niño interior es la importancia de ser amables y compasivos con uno mismo. Al igual que un niño, es normal cometer errores y experimentar dificultades, pero la clave está en aprender a perdonarnos y a tratarnos con la misma gentileza que ofreceríamos a un ser querido.

2. **El valor del perdón:** Liberarse del rencor, tanto hacia los demás como hacia uno mismo, permite que el amor fluya y sana.

3. **El poder de la expresión:** Ya sea a través del arte, la escritura o la conversación, expresar las emociones reprimidas facilita la sanación.

4. **La conexión con el cuerpo:** Varios testimonios mencionan cómo el trabajo con el niño interior también les permitió reconectar con su cuerpo de manera profunda. A menudo, el niño interior se refleja en las tensiones o traumas que permanecen atrapados en el cuerpo. La sanación implica aprender a escuchar esas señales y trabajar en liberar esas cargas emocionales físicas.

5. **El valor de la vulnerabilidad:** Ser vulnerable no es sinónimo de debilidad. Más bien, la vulnerabilidad es una puerta hacia la autenticidad y la sanación. Al abrazar nuestras heridas del pasado y abrirnos a la posibilidad de sanar, podemos permitirnos ser completamente quienes somos, sin máscaras ni pretensiones.

6. **La autoaceptación:** El camino hacia la sanación del niño interior está lleno de momentos de descubrimiento en los que aprendemos a aceptarnos tal como somos. A menudo, el niño interior está marcado por sentimientos de no ser suficiente, pero sanar significa aprender que somos dignos de amor y respeto tal como somos, sin la necesidad de validación externa.

7. **El poder de la creatividad y el juego:** Las actividades creativas no solo son divertidas, sino que también ofrecen una vía para liberar emociones reprimidas y sanar. Al igual que un niño juega sin preocupaciones, las personas que sanan su niño interior aprenden a disfrutar del proceso creativo y a ver el mundo con ojos de asombro, lo que les permite sanar y experimentar la vida con mayor plenitud.

Ejercicio: Tu testimonio personal

Te invito a dedicar unos minutos a reflexionar sobre tu propio viaje de sanación del niño interior. Toma papel y pluma, o tu herramienta digital preferida, y responde a estas preguntas:

1. ¿Qué aspectos de tu niñez te han marcado profundamente?

2. ¿Cómo ha cambiado tu vida desde que comenzaste a trabajar en sanar a tu niño interior?

3. ¿Qué le dirías a tu niño interior hoy si pudieras hablar con él?

Escribe sin juicios ni expectativas. Esta reflexión es solo para ti, un espacio seguro para reconocer tus avances y celebrar tu valentía.

La sanación del niño interior es un viaje único para cada persona, lleno de desafíos y revelaciones. A medida que continuamos explorando más testimonios y lecciones aprendidas, se hace evidente que cada proceso de sanación es diferente, pero todos comparten una característica común: el profundo impacto de abrazar a nuestro niño interior y ofrecerle el amor y la compasión que necesita.

Al continuar con el ejercicio de escribir tu testimonio o reflexión, te invitamos a profundizar en algunos aspectos específicos de tu viaje de sanación del niño interior:

1. **El punto de inicio:** Reflexiona sobre cómo comenzó tu proceso de sanación. ¿Hubo un evento específico que te hizo comenzar a trabajar con tu niño interior? ¿O fue una serie de pequeños momentos que te llevaron a este camino? Es importante recordar que cada historia es única, y tu punto de inicio es igualmente válido.

2. **Desafíos que has enfrentado:** A medida que sanas, es probable que hayas enfrentado desafíos. Tal vez te ha sido difícil permitirte sentir ciertas emociones, o te ha costado aceptarte en ciertas áreas. Escribe sobre esos desafíos y cómo los has superado. Esto puede ser una forma de celebrar tus avances y reconocer tu fuerza.

3. **Momentos de revelación:** Durante el proceso de sanación, puede haber momentos en los que algo importante se haya revelado. Tal vez descubriste una creencia limitante que habías sostenido durante años o te diste cuenta de un patrón emocional que necesitaba ser sanado. Escribe sobre estos momentos de revelación y cómo cambiaron tu perspectiva.

4. **Los cambios que has experimentado:** Reflexiona sobre los cambios que has notado en ti mismo desde que comenzaste este proceso. ¿Te sientes más conectado con tu verdadera esencia? ¿Has comenzado a ver la vida con más amor y compasión? Este es un momento para reconocer tus logros y crecimiento.

5. **Lo que deseas para el futuro:** Al final de tu testimonio, escribe sobre lo que esperas para el futuro. ¿Cómo imaginas tu vida a medida que

sigues sanando a tu niño interior? ¿Qué áreas deseas seguir explorando y nutriendo?

Este testimonio será un recordatorio poderoso de tu viaje de sanación, y puedes volver a él siempre que necesites inspiración o fuerza para continuar. Al escribirlo, también estás haciendo un compromiso contigo mismo para seguir adelante, con el amor y la compasión que tu niño interior merece.

CAPÍTULO 16
Mitos y Realidades sobre el Niño Interior.

La Influencia del Niño Interior en la Vida Adulta

El niño interior no es solo un concepto abstracto; tiene un impacto real y profundo en nuestra vida adulta. Las experiencias y emociones no resueltas de la infancia pueden seguir influyendo en nuestra forma de pensar, sentir y actuar como adultos. Aquí exploramos cómo:

1. **Patrones de Comportamiento:** Las creencias limitantes y patrones de comportamiento desarrollados en la infancia pueden seguir gobernando nuestras decisiones como adultos. Por ejemplo, si crecimos sintiéndonos no lo suficientemente buenos, esa creencia puede reflejarse en la manera en que nos relacionamos con los demás o en cómo nos enfrentamos a los desafíos.

2. **Reacciones Emocionales:** Las emociones no procesadas o no validadas durante la infancia pueden surgir de manera intensa y desproporcionada en la vida adulta. Esto puede llevar a respuestas emocionales exageradas ante situaciones que recuerdan experiencias pasadas, aunque no sean idénticas.

3. **Relaciones Interpersonales:** Nuestro niño interior también influye en nuestras relaciones. Si no aprendimos a recibir amor y apoyo en la infancia, podemos tener dificultades para hacerlo de manera sana en la vida adulta. Además, si nuestros modelos de relaciones durante la niñez fueron disfuncionales, podríamos replicar esos patrones en nuestras relaciones actuales, inconscientemente buscando algo familiar, aunque no saludable.

4. **La Voz Crítica Interior:** Muchas personas cargan con una voz interna que les critica o les dice que no son suficientes. Esta voz a menudo

proviene de un niño interior que no fue validado o que fue sometido a la crítica excesiva. A medida que sanamos el niño interior, podemos reemplazar esa voz crítica por una más amorosa y comprensiva, aprendiendo a tratarnos con la misma ternura y aceptación que ofrecemos a los demás.

El Proceso de Sanación del Niño Interior

Sanar al niño interior no es un proceso rápido ni fácil, pero es profundamente liberador y transformador. A continuación, exploramos las fases clave del proceso de sanación:

1. **Reconocimiento y Validación:** El primer paso es reconocer la presencia del niño interior y validar sus sentimientos. Esto implica escuchar sus emociones y necesidades que emergen del pasado sin juzgarlas. Al darle espacio a este niño interior, le damos la oportunidad de sanar y expresar lo que no pudo en su momento.

2. **Reparar las Heridas Emocionales:** Las heridas emocionales del niño interior, como el abandono, el rechazo o el abuso, necesitan ser abordadas de manera compasiva. La sanación no implica borrar el pasado, sino transformar nuestra relación con él. Esto puede incluir técnicas de terapia como la visualización, la escritura expresiva o el trabajo de sanación con el cuerpo.

3. **Restaurar la Autoestima:** El niño interior muchas veces lleva consigo un sentimiento de no ser digno o de ser incompleto. Restaurar la autoestima de este niño implica enseñarle a amarse y aceptarse tal como es, sin las críticas ni los juicios que pudo haber internalizado durante su infancia. Esto puede lograrse mediante afirmaciones positivas, amor propio y cuidado personal.

4. **Desarrollar Nuevas Herramientas de Coping:** El niño interior puede haber aprendido maneras ineficaces o destructivas de lidiar con el dolor. Como adultos, tenemos la capacidad de enseñar a ese niño nuevas formas de enfrentar las adversidades, como la autocompasión, la resiliencia y la expresión emocional saludable.

La Curación a Través de la Creatividad:

Una de las formas más efectivas de trabajar con el niño interior es a través de la creatividad. El niño interior está fuertemente conectado con nuestra creatividad y expresión espontánea. Aquí te presentamos algunas maneras de usar la creatividad en este proceso de sanación:

1. **Arte y Dibujo:** Hacer arte o dibujar sin expectativas o juicios puede ser una vía poderosa para liberar emociones reprimidas. Al dibujar, puedes conectar con el niño interior de una forma juguetona y sin presión, permitiendo que las emociones salgan a la superficie.

2. **Jugar y Divertirse:** El juego es una parte esencial del niño interior. Hacer cosas que te diviertan, como bailar, saltar, o participar en actividades recreativas sin la necesidad de ser perfecto, te permite reconectar con la alegría pura de la infancia.

3. **Escritura Creativa:** La escritura también puede ser una forma profunda de sanar. Escribe cartas a tu niño interior, cuéntale lo que has aprendido y ofrécele palabras de consuelo. Escribe historias sobre lo que desearías haber experimentado, llenándolas de amor y apoyo.

4. **Música y Movimiento:** La música y el baile son excelentes formas de liberar bloqueos emocionales y reconectar con el niño interior. La música, especialmente aquella que te conecta con recuerdos de la infancia, puede actuar como un puente para sanar y liberar emociones.

Cómo Continuar el Trabajo con el Niño Interior:

Sanar al niño interior es un proceso continuo. A medida que avanzamos en nuestra vida adulta, podemos encontrar que surgen nuevos aspectos del niño interior que necesitan atención. Aquí algunos consejos para continuar trabajando con tu niño interior:

1. **Mantén una Práctica Diaria:** El trabajo con el niño interior puede incluir actividades diarias como meditar, escribir, o realizar afirmaciones positivas. La constancia es clave para crear una conexión profunda y sanar a medida que avanzamos.

2. **Busca Apoyo Terapéutico:** A veces, el trabajo con el niño interior puede ser muy intenso y es útil contar con el apoyo de un terapeuta o un consejero que se especialice en terapia del niño interior. Ellos pueden proporcionar herramientas y apoyo emocional en este proceso.

3. **Haz del Autocuidado una Prioridad:** El niño interior necesita cuidado y atención constante. Practica el autocuidado físico, emocional y mental para nutrir ese niño en ti.

4. **Celebra tu Progreso:** Cada pequeño paso en tu sanación es un avance importante. Celebra los momentos en los que lograste sanar una herida o dar espacio a una emoción que habías estado ignorando. Reconocer tu crecimiento es una forma poderosa de fortalecer la relación con tu niño interior.

El trabajo con el niño interior es una práctica de profundo autoconocimiento y sanación emocional. Al desmitificar las creencias erróneas sobre el niño interior y abrazar su presencia, podemos sanar viejas heridas, reestablecer nuestra conexión con nuestra autenticidad y vivir de una manera más plena y consciente. Este viaje requiere paciencia, compasión y dedicación, pero los beneficios de sanar al niño interior son enormes: mayor paz, amor propio y relaciones más saludables.

CAPÍTULO 17
La Importancia de la Comunidad

La Fuerza colectiva en la sanación del Niño Interior

El trabajo con el niño interior puede ser un viaje transformador, pero también puede ser desafiante. En momentos de vulnerabilidad o dificultad, tener una comunidad que respalde este proceso puede marcar una diferencia significativa. La sanación individual es valiosa, pero la sanación colectiva puede acelerar el crecimiento y fomentar una mayor sensación de pertenencia y apoyo.

1. **El Poder de la Vulnerabilidad Compartida:**
   La vulnerabilidad es una de las experiencias más poderosas dentro del proceso de sanación. Cuando compartimos nuestras historias con otras personas, creamos un espacio donde podemos ser auténticos y vernos reflejados en las experiencias de los demás. Este acto de vulnerabilidad en un entorno de apoyo mutuo fomenta la empatía y fortalece los lazos entre los miembros de la comunidad. Al hablar sobre nuestros propios desafíos, descubrimos que no estamos solos en nuestras luchas.

2. **El Sentimiento de Propósito Compartido:**
   Ser parte de una comunidad dedicada al trabajo del niño interior nos conecta con un propósito más grande que nuestra propia sanación. El hecho de que todos los miembros del grupo compartan una visión común –el bienestar emocional y la sanación de su niño interior– crea un espacio de inspiración mutua. Cada progreso individual, por pequeño que sea, se celebra dentro de la comunidad, generando una atmósfera positiva que fomenta el bienestar colectivo.

3. **Lecciones de la Diversidad de Experiencias:**
   Cada persona trae consigo una historia única. Al escuchar las experiencias de otras personas en la comunidad, nos exponemos a

diferentes perspectivas que pueden enriquecer nuestro propio proceso. Las distintas formas en que las personas sanan sus heridas emocionales abordan sus traumas o reconectan con su niño interior nos ofrecen un abanico de herramientas y enfoques. La diversidad de estrategias dentro de una comunidad de apoyo puede enseñarnos nuevas formas de sanar y enriquecernos mutuamente.

Beneficios de Participar en Talleres y Grupos de Apoyo:

Los talleres y grupos de apoyo no solo brindan un espacio para compartir, sino que también ofrecen herramientas y ejercicios prácticos que pueden ser extremadamente útiles para sanar el niño interior. Estos espacios proporcionan una estructura y un enfoque dirigido, permitiendo que las personas accedan a prácticas y recursos valiosos.

1. **Técnicas Específicas para Sanar el Niño Interior:**
   Los talleres centrados en la sanación del niño interior ofrecen ejercicios específicos para liberar emociones atrapadas y desbloquear recuerdos reprimidos. Estas prácticas pueden incluir actividades como la escritura terapéutica, la visualización, el trabajo corporal o el uso de arte y música para expresar emociones. Las técnicas empleadas en los talleres ayudan a acceder a diferentes capas del inconsciente y a sanar de manera más profunda.

2. **Facilitación Profesional:**
   En los grupos de apoyo dirigidos por terapeutas o facilitadores capacitados, los participantes pueden obtener orientación experta en el proceso de sanación. Los facilitadores proporcionan estructura y dirección durante las sesiones, asegurando que el espacio sea seguro y respetuoso. Además, estos profesionales pueden ofrecer una perspectiva valiosa y asesoramiento sobre cómo abordar las dificultades emocionales que puedan surgir.

3. **Reducción de la Soledad Emocional:**
   A menudo, las personas que trabajan en su niño interior sienten que no tienen a nadie con quien compartir su proceso. Los grupos de apoyo reducen este sentimiento de soledad al proporcionar un espacio donde las personas pueden sentirse comprendidas y acompañadas. La sensación de pertenecer a un grupo que está luchando por el mismo objetivo crea un fuerte sentido de comunidad y ayuda a las personas a avanzar en su proceso con mayor confianza.

Creando un Espacio de Apoyo Propio

Si no tienes acceso a un grupo o taller que se enfoque en el trabajo con el niño interior, crear tu propio espacio de apoyo puede ser una forma poderosa de contribuir a tu sanación y la de los demás. A continuación, te damos algunas ideas para empezar:

1. **Define el Propósito y los Valores del Grupo:**
   Al crear un grupo, es importante establecer un propósito claro y los valores fundamentales del espacio. ¿Qué tipo de ambiente quieres crear? ¿Qué temas o enfoques se discutirán? Establecer normas claras de respeto y confidencialidad es clave para que todos los participantes se sientan cómodos y seguros al compartir.

2. **Invitar a Personas de Confianza:**
   Elige a personas que también estén interesadas en sanar su niño interior y estén dispuestas a comprometerse con el proceso. Este grupo puede estar formado por amigos cercanos, familiares o incluso personas a las que conozcas a través de las redes sociales. Elige personas con las que te sientas cómodo y con las que compartas un objetivo común.

3. **Estructura y Actividades:**
   Piensa en cómo quieres estructurar las reuniones. Puedes tener reuniones regulares en las que cada persona comparta sus avances, desafíos y reflexiones. Además, puedes incorporar actividades y ejercicios que ayuden a sanar el niño interior, como meditaciones guiadas, lecturas compartidas, escritura creativa o actividades artísticas. La clave es que estas actividades fomenten la autoexploración y la apertura emocional.

4. **Compromiso y Continuidad:**
   Un grupo de apoyo necesita compromiso y regularidad para ser efectivo. Establece un calendario para las reuniones y anima a todos los miembros a participar activamente. La continuidad crea un sentido de comunidad y permite que los miembros del grupo se sientan acompañados durante su proceso de sanación.

La comunidad es un pilar fundamental en la sanación del niño interior. Al unirte a grupos de apoyo o crear el tuyo propio, no solo te beneficias del apoyo de los demás, sino que también contribuyes al proceso de sanación colectiva. La vulnerabilidad compartida, el apoyo mutuo y las experiencias compartidas enriquecen el proceso, ayudándonos a sanar más profundamente y a avanzar hacia una vida más plena y auténtica. Además de acompañarnos en este viaje, la comunidad refuerza nuestro compromiso con el bienestar y la transformación personal.

Ejercicio: Conectar con otras personas que están trabajando en su Niño Interior a través de un grupo o un círculo de apoyo.
Objetivo:

Fortalecer tu red de apoyo al conectar con otras personas que también están trabajando en su proceso de sanación del niño interior.

1. **Paso 1: Identificar un espacio adecuado**: Investiga grupos de apoyo o círculos donde se trabaje el tema del niño interior. Si no encuentras ninguno en tu comunidad, considera crear el tuyo propio, ya sea con amigos cercanos o buscando personas con intereses similares.

2. **Paso 2: Participar activamente**: Una vez que encuentres un grupo adecuado, comprométete a asistir con regularidad. La sanación es un proceso continuo, y ser parte activa de un círculo de apoyo te ayudará a mantener el enfoque en tu propio crecimiento.

3. **Paso 3: Escuchar y compartir**: En el grupo, no solo se trata de hablar de ti mismo, sino también de escuchar a los demás. La empatía compartida crea un ambiente de crecimiento mutuo. Comparte tus desafíos y logros en el proceso de sanar tu niño interior, y ofrece apoyo a quienes lo necesiten.

4. **Paso 4: Practicar la vulnerabilidad**: Ser honesto y vulnerable con el grupo permite que otros también se abran y compartan sus experiencias. Esta honestidad es clave para construir confianza y profundidad en la sanación colectiva.

5. **Paso 5: Reflexionar después de cada encuentro**: Tómate un tiempo para reflexionar sobre lo que has aprendido en cada reunión y cómo te ha afectado emocionalmente. Este ejercicio te ayudará a integrar lo aprendido y a seguir avanzando en tu proceso personal.

Crear o formar parte de una comunidad que apoye tu trabajo con el niño interior puede ser un paso crucial en tu proceso de sanación. A través de este apoyo colectivo, el camino hacia la integración y el bienestar se vuelve menos solitario y más lleno de esperanza y crecimiento compartido.

CAPÍTULO 18
La Conexión entre el Niño Interior y la Salud Mental

Comprendiendo las Causas Raíz de los Desafíos de Salud Mental

Nuestros desafíos de salud mental a menudo tienen orígenes profundos en nuestros primeros años. Las heridas del niño interior, como el abandono emocional, la negligencia o experiencias traumáticas, pueden moldear nuestro paisaje emocional hasta la adultez. Sin embargo, estas heridas no siempre son visibles a simple vista. El dolor no resuelto de la infancia puede manifestarse de diversas maneras:

1. **Ansiedad y Miedo:** Las experiencias de inestabilidad, imprevisibilidad o negligencia en la infancia pueden crear un sentido elevado de ansiedad en la adultez. Las personas pueden volverse hipervigilantes o excesivamente cautelosas, siempre esperando que algo malo suceda. Esta ansiedad proviene de la incapacidad del niño para sentirse seguro durante sus primeros años.

2. **Depresión y Baja Energía:** Cuando las necesidades infantiles de amor, cuidado y validación no fueron satisfechas, pueden surgir sentimientos de insuficiencia, tristeza o apatía. La represión emocional desde la infancia puede llevar a la persona a una sensación profunda de vacío en la adultez, contribuyendo a la depresión o sentimientos de desconexión.

3. **Problemas en las Relaciones:** El niño interior también influye en la manera en que nos relacionamos con los demás. Las primeras experiencias con los cuidadores negligentes o excesivamente controladoras, pueden formar estilos de apego distorsionados. Los adultos con estas heridas de la infancia pueden tener dificultades en las relaciones

saludables, ya sea volviéndose excesivamente dependientes o alejando a los demás debido al miedo al rechazo o abandono.

4. **Dificultades con la Regulación Emocional:** Los niños que no aprendieron a expresar sus emociones de manera saludable pueden crecer con dificultades para regularlas. En la adultez, esto puede traducirse en la represión de sentimientos o en explosiones de ira y frustración. Esta disfunción emocional puede afectar tanto las relaciones personales como las profesionales, contribuyendo a problemas continuos de salud mental.

Abordando el Dolor Emocional No Resuelto

Sanar al niño interior implica abordar esas heridas emocionales no resueltas. No solo se trata de reconocer el dolor del pasado, sino también de volver a ser nuestros propios cuidadores en el presente. Aquí te ofrecemos algunas estrategias para abordar este dolor emocional:

1. **Reparenting (Reaprender a Cuidarse):** Reparenting implica tratarse a uno mismo. Consiste en tratarnos con la misma amabilidad, compasión y cuidado que ofreceríamos a un niño. Al reconocer las necesidades no satisfechas de nuestro niño interior, podemos comenzar a nutrirnos y cuidar de nosotros mismos de una manera que cure esas viejas heridas. Esto puede incluir prácticas de autosoporte, ofrecer palabras de afirmación y priorizar nuestras propias necesidades emocionales.

2. **Diálogos con el Niño Interior:** Mantener conversaciones con tu niño interior a través de la escritura o ejercicios de visualización. Pregúntale qué necesita o cómo se siente, y escucha profundamente sus respuestas. Este diálogo contribuye a crear un sentido de seguridad y conexión, lo que permite la curación emocional y la integración.

3. **Sanación Somática:** Muchas heridas de la infancia se almacenan en el cuerpo. Las prácticas somáticas como el yoga, la respiración u otras terapias basadas en el cuerpo pueden ayudar a liberar emociones atrapadas y aumentar la conciencia de la conexión entre cuerpo y mente. La liberación física permite procesar el trauma pasado e integrar la sanación tanto a nivel mental como corporal.

4. **Perdón:** Sanar al niño interior también implica perdonarnos a nosotros mismos y a los demás. Muchos adultos cargan con culpa o

vergüenza por experiencias de la infancia, pero el perdón es una vía para liberar estas emociones negativas. Este proceso no se trata de justificar las acciones dañinas, sino de liberarnos del peso del pasado para hacer espacio para el crecimiento y la sanación.

El Rol de la Terapia en la Sanación del Niño Interior

Los terapeutas, especialmente aquellos especializados en trauma y trabajo con el niño interior, desempeñan un papel crucial al guiar a las personas a través del proceso de sanación. La terapia ofrece un entorno seguro y estructurado donde las personas pueden explorar sus heridas de la infancia y comenzar a abordarlas con la ayuda de un profesional. Algunas de las terapias más efectivas para sanar al niño interior incluyen:

1. **Terapia Cognitivo-Conductual (TCC):** Ayuda a identificar y desafiar patrones de pensamiento negativos y creencias arraigadas en la infancia. Al reformular estas creencias, las personas pueden cambiar la forma en que se perciben a sí mismas y sus experiencias, lo que mejora su bienestar emocional.

2. **Terapia Centrada en el Trauma:** Se enfoca en abordar directamente el trauma pasado. A través de un enfoque informado por el trauma, las personas pueden procesar recuerdos dolorosos de manera segura, comprender cómo estos recuerdos dan forma a sus comportamientos actuales y comenzar a sanar esas heridas.

3. **Terapia del Niño Interior:** Diseñada específicamente para ayudar a las personas a reconectar con su yo más joven. Mediante visualizaciones, diálogos y procesamiento emocional, esta terapia busca sanar el dolor emocional profundo e integrar el proceso de reparenting.

4. **EMDR (Desensibilización y Reprocesamiento por Movimiento Ocular):** Es una herramienta poderosa que permite procesar e integrar recuerdos traumáticos. Este particularmente eficaz para aquellos quienes han experimentado traumas en la infancia, ya que ayuda a reprogramar la respuesta del cerebro a esos recuerdos dolorosos.

La Importancia de Construir un Sistema de Apoyo

A medida que trabajas para sanar a tu niño interior, es esencial contar con un sistema de apoyo. La curación puede ser un proceso desafiante y emocional, y tener personas a tu alrededor que comprendan y apoyen tu camino puede marcar una gran diferencia.

1. **Terapeutas y consejeros:** Un terapeuta especializado en trabajo con el niño interior puede brindar orientación y apoyo invaluable. Te ayudará a identificar y procesar heridas del pasado, así como a desarrollar estrategias saludables para afrontar las emociones que surjan.

2. **Amigos y Familiares Apoyo:** Contar con seres queridos que comprendan y apoyen tu viaje de sanación es esencial. Estas personas pueden brindar aliento emocional y ayudarte a sentirte comprendido y validado durante los momentos difíciles.

3. **Grupos de Apoyo:** Conectar con otras personas que también están trabajando en su propio proceso de sanación del niño interior puede ser empoderador. En un grupo, puedes compartir experiencias, ofrecer apoyo a los demás y aprender de los procesos de sanación de otros.

Crear un Plan de Salud Mental Enfocado en la Sanación del Niño Interior

Un plan de salud mental que integre la sanación del niño interior puede ofrecer una estructura efectiva para abordar las necesidades emocionales y promover el bienestar general. Además de tu plan de autocuidado, considera incluir los siguientes elementos:

1. **Sesiones Consistentes de Terapia o Consejería:** Programa sesiones regulares con un profesional de salud mental para procesar emociones profundas y sanar heridas del pasado. El acompañamiento terapéutico continuo proporciona apoyo, orientación y responsabilidad en tu proceso de sanación.

2. **Prácticas Diarias de Autocuidado:** Incorpora actividades que nutran a tu niño interior, como la expresión creativa, la relajación o actividades conscientes. Estas actividades proporcionan nutrición emocional y te ayudan a mantenerte centrado durante el proceso de curación.

3. **Hacer un Seguimiento del Progreso:** Lleva un diario donde registres tus sentimientos, desafíos y logros a lo largo del camino. Monitorear tu evolución te permitirá reconocer los avances y detectar áreas que aún requieren atención.

Ejercicio; Crear un Plan de Autocuidado Enfocado en la Salud Mental y la Sanación del Niño Interior

Objetivo: El propósito de este ejercicio es diseñar un plan de autocuidado que te ayude a fortalecer tu salud mental mientras trabajas en la sanación de tu niño interior.

Pasos para crear tu plan de autocuidado:

1. **Reconocer las necesidades emocionales**
   Reflexiona sobre las emociones no resueltas de tu infancia. Pregúntate:

   - ¿Qué heridas emocionales de mi niñez aún necesito sanar?
   - ¿Qué tipo de amor y cuidado hubiera querido recibir en mi infancia? Identificar estas necesidades te ayudará a dirigir tu atención a las áreas que requieren sanación.

2. **Paso 2: Establecer Rutinas de Autocuidado**
   Diseña rutinas diarias o semanales que ayuden a nutrir tu bienestar emocional. Algunas prácticas incluyen:

   - **Meditación o Mindfulness**: Ayuda a conectar con tu interior y reducir el estrés.
   - **Escritura Terapéutica**: Escribe cartas a tu niño interior, expresando amor, comprensión y validación.
   - **Ejercicio Físico**: El movimiento libera endorfinas, mejora el estado emocional y reduce la ansiedad.
   - **Tiempo para ti mismo**: Dedica momentos a actividades placenteras, como leer, pintar o caminar.

3. **Paso 3: Practicar la Autocompasión**
   Habla contigo mismo con amabilidad, tal como lo harías con un niño. Sustituye la autocrítica por afirmaciones de amor y aceptación hacia tu niño interior.

4. **Paso 4: Crear Espacios Seguros de Conexión**
   Busca grupos, terapeutas o círculos de apoyo donde puedas compartir tus experiencias y emociones de manera segura. Relacionarte con otras personas en su propio proceso de sanación puede brindarte comprensión y apoyo.

5. **Paso 5: Hacer un Seguimiento Regular**
   Al final de cada semana, reflexiona sobre tu bienestar emocional: ¿Cómo me he sentido esta semana?

¿He identificado nuevas áreas que necesitan atención?
Ajusta tu plan de autocuidado según sea necesario para continuar tu proceso de sanación de manera efectiva.

Este plan de autocuidado debe ser una herramienta que te ayude a sanar gradualmente tu niño interior y a cuidar tu salud mental. Al dedicar tiempo a ti mismo, a tus emociones y a tus necesidades, estarás fortaleciendo tu bienestar general y avanzando hacia una vida más plena y equilibrada.

CAPÍTULO 19
La Creatividad como Herramienta de Sanación

Explorando la Creatividad

La creatividad es una poderosa herramienta de sanación que nos permite expresar emociones y pensamientos que, en ocasiones, son difíciles de poner en palabras. A través del arte, la escritura, la música y otras formas de expresión creativa nos permiten conectarnos con nuestro niño interior y liberar bloqueos emocionales. Estas prácticas nos ayudan a explorar experiencias pasadas, procesar traumas y encontrar formas saludables de sanar.

Beneficios de la Creatividad en la Sanación del Niño Interior:

1. **Liberación emocional:** La expresión creativa permite externalizar emociones reprimidas y darles un espacio para ser reconocidas y validadas.

2. **Conexión con el subconsciente:** El arte y la escritura pueden acceder a partes profundas de nuestro ser, revelando patrones o creencias limitantes que necesitan ser sanados.

3. **Empoderamiento:** Crear algo con nuestras manos o palabras nos brinda una sensación de control y propiedad sobre nuestro proceso de sanación.

4. **Exploración del pasado:** A través de la creatividad, podemos revisar nuestras experiencias infantiles desde una nueva perspectiva, permitiéndonos hacer las paces con ellas.

Ejercicios Creativos:

Las actividades creativas pueden ser simples, pero profundamente transformadoras. A continuación, algunos ejercicios que pueden ayudarte a conectar con tu niño interior y fomentar su sanación:

1. **Dibujo Libre:** Dedica un tiempo a dibujar o pintar sin preocuparte por el resultado. Permite que tu mano guíe lo que salga sin juicios. Este ejercicio puede desbloquear emociones profundas de forma inesperada.

2. **Escritura Terapéutica:** Escribe una carta a tu niño interior expresando tus sentimientos hacia él o ella. Hazle preguntas, dile lo que sientes, o comparte lo que te gustaría que él o ella supiera sobre tu vida actual.

3. **Collage de Emociones:** Recorta imágenes, palabras o frases de revistas que representen cómo te sientes en este momento de tu proceso de sanación. Crea un collage que refleje tu estado emocional actual.

4. **Danza y Movimiento:** Practica danza libre o cualquier tipo de movimiento corporal puede liberar tensiones emocionales y físicas. A veces, el cuerpo puede expresar lo que las palabras no pueden decir.

Ejercicio: Crear un Proyecto Artístico que Represente la Relación Actual con el Niño Interior

Objetivo:

Este ejercicio tiene como objetivo profundizar en la relación que tienes con tu niño interior en el presente, utilizando la creatividad para explorar esa conexión de manera tangible.

Instrucciones:

1. **Paso 1: Reflexión Personal**

   Reflexiona sobre tu relación con tu niño interior en este momento. ¿Cómo te sientes cuando piensas en él o ella? ¿Qué emociones surgen? ¿Qué áreas de tu vida crees que aún necesitan sanación?

2. **Paso 2: Elección del Medio Creativo**

   Selecciona una forma de expresión artística que te resulte cómoda o significativa. Algunas opciones incluyen:
   *Pintura o dibujo
   *Escritura creativa o poesía
   *Collage con imágenes y palabras que reflejen tus emociones
   *Escultura o modelado
   *Fotografía o una composición visual

3. **Paso 3: Creación del Proyecto**
   Dedica un tiempo a crear sin juicios ni expectativas. Permite que tu intuición guíe el proceso y enfócate en plasmar lo que sientes en este momento en relación con tu niño interior. A medida que trabajas, observa si emergen pensamientos o emociones inesperadas.

4. **Paso 4: Reflexión y Análisis**
   Cuando termines tu proyecto, obsérvalo con atención y reflexiona:
   ¿Qué mensaje parece transmitir tu obra?
   ¿Hay elementos que te sorprendieron durante el proceso?
   ¿Qué te revela esta experiencia sobre tu niño interior y su estado actual?
   ¿Sientes que hay algo que necesitas sanar o liberar a partir de esta exploración?

5. **Paso 5: Integración en la Sanación**
   Utiliza el proyecto como una herramienta para integrar los aprendizajes. Si es posible, comparte tu trabajo con alguien de confianza o guárdalo en un lugar donde puedas verlo para recordarte la importancia de tu relación con tu niño interior y el proceso de sanación en curso.

El trabajo con el niño interior es un proceso continuo de redescubrimiento, y la creatividad es una de las herramientas más poderosas que podemos utilizar. Al permitirnos crear, podemos conectar con el niño que una vez fuimos, honrar sus emociones y brindarle el amor y la aceptación que necesitaba. La creatividad no solo nos ayuda a sanar, sino que también nos recuerda lo expansivos y capaces que somos de crear una vida llena de propósito y alegría.

CAPÍTULO 20
El Niño Interior y la Espiritualidad

La espiritualidad y el Niño Interior

La espiritualidad desempeña un papel fundamental en la sanación del niño interior, ya que nuestras creencias espirituales tienen la capacidad de influir profundamente en nuestra conexión con esta parte vulnerable y auténtica de nosotros mismos. A menudo, el niño interior está vinculado con nuestra percepción del amor, la seguridad y la conexión con lo divino.

La espiritualidad nos recuerda nuestra esencia pura y nos brinda herramientas para sanar heridas profundas a través del amor incondicional, la compasión y la aceptación. Al integrar prácticas espirituales en nuestro proceso de sanación, podemos ofrecerle a nuestro niño interior un sentido de pertenencia y una conexión con algo más grande que nosotros mismos. Ya sea a través de la fe, la meditación, el rezo o la contemplación, la espiritualidad actúa como una guía en nuestro camino hacia la restauración emocional y física.

Prácticas Espirituales para Honrar al Niño Interior

1. **Meditación**: La meditación es una herramienta poderosa para calmar la mente y explorar nuestro mundo interior. Mediante meditaciones enfocadas en el niño interior, podemos acceder a recuerdos y emociones reprimidas, ofreciendo sanación a estas partes olvidadas de nosotros mismos.

    - **Meditación guiada**: Puedes practicar meditaciones guiadas que te permitan visualizar a tu niño interior en un espacio seguro. Imagínate abrazándolo, hablándole con amor y asegurándole que ahora está a salvo.

2. **Rituales Espirituales**: Los rituales marcan momentos especiales de conexión con nuestro ser profundo y pueden convertirse en una forma simbólica de honrar y sanar al niño interior.

- **Encender una vela**: Puedes encender una vela en un lugar tranquilo y usarla como símbolo de la luz que tu niño interior necesita. Este ritual puede hacerse durante momentos de reflexión o meditación.
- **Ofrecer una flor**: Ofrecer una flor como un acto de amor y respeto hacia el niño interior puede simbolizar el cuidado y la belleza que te estás dando a ti mismo.

3. **Afirmaciones Espirituales**: Las afirmaciones pueden ser una herramienta poderosa para reprogramar nuestra mente y cultivar la autocompasión. Repetir afirmaciones dirigidas a tu niño interior puede recordarle que es amado y valioso. Algunas afirmaciones que puedes usar son:
   - "Te amo incondicionalmente, mi querido niño interior."
   - "Eres digno de amor y alegría."
   - "Te ofrezco compasión y sanación."

4. **Trabajo con los Ángeles o Guías Espirituales**: Invocar la ayuda de tus ángeles o guías espirituales puede ser una forma poderosa de proteger y sanar tu niño interior. Pide a tus guías que te ayuden a liberar bloqueos emocionales o traumas de la infancia, brindándote amor y apoyo divino.

5. **Escritura Espiritual**: La escritura es una forma de sanación en la que puedes expresar tus pensamientos y sentimientos más profundos. Escribe cartas a tu niño interior desde una perspectiva espiritual, ofreciendo consuelo y orientación.

Ejercicio: Crear un Ritual Personal para Conectar con el Niño Interior a Través de la Espiritualidad

Objetivo: Este ejercicio tiene como propósito diseñar un ritual personal que te permita conectarte con tu niño interior a través de la espiritualidad, brindando espacio para la sanación y el crecimiento.

Instrucciones:
1. **Reflexión Inicial**
   Reflexiona sobre tu relación actual con tu niño interior y cómo te gustaría fortalecer esa conexión. Piensa en las áreas de tu vida que requieren más sanación y amor.

2. **Elección de un Elemento Espiritual**
   Selecciona un elemento que tenga significado especial para ti y que puedas incorporar en tu ritual. Puede ser una vela, una piedra, un incienso, agua, o cualquier objeto que te represente tu conexión espiritual.

3. **Creación de un Espacio Sagrado**
   Busca un lugar tranquilo donde puedas realizar tu ritual. Puede ser en tu hogar, en la naturaleza, o en cualquier lugar que te inspire paz y serenidad. Decora el espacio con el elemento espiritual elegido y asegúrate de que esté libre de distracciones.

4. **Establecer una Intención**
   Antes de comenzar, define con claridad tu intención. ¿Qué deseas lograr en este ritual? Puede ser sanar una herida específica, ofrecer amor y compasión a tu niño interior, o simplemente reconectar con tu esencia espiritual.

5. **Realizar el Ritual**
   Lleva a cabo el ritual según tus preferencias. Puedes iniciar con una breve meditación para calmar tu mente. Luego, recita afirmaciones de amor y sanación, visualiza a tu niño interior en un lugar seguro y ofrece consuelo a esa parte de ti mismo. Si lo deseas, puedes encender una vela o colocar algún objeto simbólico durante el proceso.

6. **Reflexión Final**
   Al concluir el ritual, dedica unos minutos a reflexionar sobre la experiencia. ¿Cómo te sientes? ¿Has notado algún cambio en tu conexión con tu niño interior? Si lo deseas, escribe sobre la vivencia y el impacto que ha tenido en tu proceso de sanación.

La espiritualidad, a través de prácticas conscientes y rituales significativos, puede ser una herramienta transformadora en la sanación del niño interior. Al honrar esta parte de ti mismo, puedes crear una conexión profunda y amorosa que impulse tu crecimiento personal y espiritual.

CAPÍTULO 21
La Importancia del Silencio y la Reflexión

El poder del silencio

El silencio es una de las herramientas más poderosas que tenemos para conectarnos con nuestro ser interior, incluido nuestro niño interior. En el constante ajetreo de la vida diaria, es fácil olvidar escuchar nuestra voz interna. El ruido externo y las distracciones nos alejan de nuestra verdad y nos impiden acceder a las emociones y pensamientos profundos que guardamos dentro.

El silencio nos brinda la oportunidad de parar, de hacernos conscientes de nuestra respiración, y de escuchar nuestra intuición. Al dedicarnos tiempo en silencio, podemos permitirnos sentir lo que normalmente sería difícil de procesar en medio del caos diario. Es en estos momentos de quietud donde nuestro niño interior tiene la oportunidad de comunicarse y guiarnos en el proceso de sanación.

La reflexión silenciosa nos ayuda a conectar con nuestras verdaderas necesidades, reconocer nuestras heridas, deseos y anhelos. A través del silencio, podemos liberar la tensión emocional acumulada y abrirnos a la autoaceptación, el perdón y la sanación.

Prácticas de silencio

Incorporar momentos de silencio en nuestra rutina diaria es esencial para cultivar una mayor conciencia y conexión con nosotros mismos. A continuación, algunas técnicas para integrar el silencio de manera efectiva:

1. **Meditación diaria**
   Dedica al menos 10-15 minutos al día para meditar en completo silencio. Si eres principiante, puedes usar meditaciones guiadas que

te ayuden a relajarte. Con el tiempo, puedes ir incrementando la duración de la meditación en silencio total, permitiendo que tus pensamientos y emociones emerjan sin interferencias externas.

2. **Paseos en la naturaleza**
   Caminar al aire libre sin música ni distracciones, es una excelente manera de practicar el silencio. Durante estos paseos, permite que el entorno te hable y te conectes profundamente con el presente.

3. **Tiempo en soledad**
   Reserva un espacio en tu día para estar a solas, sin teléfono ni otras distracciones. Este tiempo te permitirá reflexionar sobre tu estado emocional, pensamientos y necesidades sin las presiones del mundo exterior.

4. **Silencio durante las comidas**
   Practica el comer en silencio, prestando atención a los sabores, la textura de los alimentos y el acto de comer. Esta práctica de atención plena te permite conectar con tu cuerpo y tu ser interior.

5. **Diario de silencio**
   Después de un momento de quietud, escribe en un diario sobre tu experiencia. Reflexiona sobre lo que has sentido, lo que has descubierto sobre ti mismo y cómo el silencio ha impactado tu bienestar.

El impacto del silencio en la autoexploración

El silencio no solo nos permite escuchar nuestras voces internas, sino también observar nuestras reacciones y emociones. En la vida cotidiana, solemos vivir de manera reactiva: la ansiedad, el estrés o los pensamientos incesantes nos empujan a actuar sin pensar. El silencio nos brinda la oportunidad de hacer una pausa, examinar nuestras respuestas y tomar decisiones con mayor conciencia.

Este espacio de reflexión no solo está relacionado con la introspección personal, sino también con el entendimiento de cómo nuestras experiencias pasadas, especialmente en la infancia, influyen en nuestro presente. Al permitir que el niño interior se exprese, podemos comprender mejor las raíces de nuestros miedos, inseguridades y patrones de comportamiento. El silencio ofrece un espacio de sanación para esos aspectos olvidados o reprimidos que requieren atención.

Beneficios del silencio para la sanación del Niño Interior

El silencio actúa como un santuario para la sanación del niño interior por diversas razones:

1. **Reducción del ruido mental**

   En un mundo lleno de estímulos constantes, el silencio nos ofrece la oportunidad de desconectar y recuperar la paz interna. Al reducir las distracciones externas, nos permite ver con mayor claridad y escuchar verdaderamente a nuestro niño interior.

2. **Autoaceptación**

   Durante el silencio, aprendemos a aceptar nuestras emociones tal como son, sin juicios. Permitirnos sentir, en lugar de reprimir o rechazar nuestras emociones, abre la puerta a la autocompasión. La autoaceptación es clave en la sanación del niño interior, pues nos ayuda a liberar tensiones emocionales y sanar heridas del pasado.

3. **Refuerzo de la autoconciencia**

   A través del silencio, nos volvemos más conscientes de nuestra relación con el niño interior. Muchas de nuestras reacciones en la vida adulta están influenciadas por experiencias no resueltas de la infancia. El silencio nos permite identificar estos vínculos y transformarlos conscientemente.

4. **Apertura a nuevas perspectivas**

   Tomar distancia del ruido externo y de las respuestas automáticas nos ayuda a ver las situaciones desde diferentes ángulos. Esto resulta especialmente útil al enfrentar traumas o heridas emocionales, ya que nos permite resignificar nuestras experiencias y reescribir las narrativas internas con mayor comprensión y amor.

Integrando el silencio en la vida diaria

Para que el silencio sea una herramienta efectiva en el proceso de sanación, es fundamental incorporarlo de manera práctica en la rutina diaria. A continuación, algunas sugerencias para integrar más momentos de silencio en tu vida:

1. **Silencio antes de dormir**

   Establece una rutina nocturna que incluya 10-15 minutos de silencio. Evita el uso de dispositivos electrónicos y dedica este tiempo a simplemente ser consciente de tu respiración o reflexionar sobre el día. Este ritual re ayudará a liberar tensiones emocionales antes de dormir.

2. **Retiros de silencio**
Si tienes la oportunidad, considera participar en un retiro de silencio. Estos retiros ofrecen un espacio profundo de reflexión y desconexión que puede ayudarte a reiniciar tu proceso de sanación. Si no puedes asistir a un retiro, incluso unos días en casa, sin hablar, pueden tener efectos similares.

3. **Incorporar el silencio durante actividades cotidianas**
Puedes practicar el silencio mientras realizas tareas cotidianas, como cocinar, lavar los platos o tomar una caminata. Al hacer estas actividades sin distracciones externas, te permites estar presente en el momento y conectar con tu niño interior de una manera natural.

4. **Crear un "espacio de silencio"**
Designa un lugar en tu hogar donde puedas ir a estar en silencio cada vez que lo necesites. Puede ser un rincón tranquilo con velas, almohadones, o simplemente un espacio libre de interrupciones. Este será tu refugio donde puedas reconectar con tu ser interior.

La voz del niño interior a través del silencio

Al sumergirte en el silencio, es posible que comiences a escuchar a tu niño interior. Pueden surgir recuerdos olvidados o sentimientos profundos que habías bloqueado. En ocasiones, ese niño interno expresa miedo, tristeza o ira, emociones que han permanecido reprimidas por mucho tiempo. Lo importante es permitir que afloren de manera segura y amorosa.

El silencio se convierte en un puente entre el presente y el pasado, permitiéndote revivir y procesar experiencias de la infancia que aún influyen en tu vida. Por ejemplo, durante un momento de quietud, podrías recordar situaciones en las que te sentiste desprotegido o abandonado. Reconocer estos momentos es esencial para comprender los patrones que persisten en tu vida adulta y avanzar en el proceso de sanación.

Ejercicio: Practica de silencio y reflexionar sobre lo que el niño interior tiene que decir

Objetivo:

Este ejercicio tiene como propósito brindarte un espacio para escuchar y conectar con las emociones y deseos de tu niño interior a través del poder del silencio.

Instrucciones:

1. **Encuentra un espacio tranquilo**

   Busca un lugar donde puedas estar en silencio y sin interrupciones. Puede ser en tu hogar, en un parque tranquilo o en algún lugar donde te sientas cómodo y seguro.

2. **Cierra los ojos y respira profundamente**

   Siéntate o recuéstate en una posición relajada, cierra los ojos y comienza a respirar profundamente. Siente cómo el aire entra y sale de tus pulmones, permitiendo que cada exhalación libere tensión y te ayude a relajar el cuerpo y la mente.

3. **Concentra tu atención en tu niño interior**

   Una vez relajado, enfoca tu atención en tu niño interior. Visualiza a tu niño interior como una versión más joven de ti mismo. ¿Cómo se ve? ¿Cómo se siente? Deja que cualquier emoción o pensamiento relacionado con él o ella surja naturalmente.

4. **Escucha en silencio**

   Mantente en quietud y deja que tu niño interior se exprese. No intentes controlar la experiencia; simplemente escucha con atención. Puede que surjan recuerdos, imágenes o incluso palabras. Tal vez experimentes alegría, nostalgia o una emoción que no habías reconocido antes. Recuerda que el silencio es un espacio seguro donde tu niño interior puede ser escuchado sin juicios ni presiones.

5. **Reflexión después de la práctica**

   Luego de unos minutos en silencio, toma unos momentos para reflexionar sobre la experiencia. ¿Qué te dijo tu niño interior? ¿Hay algo que te sorprendió o algo que necesitas sanar? Escribe tus pensamientos y sentimientos en un diario.

6. **Acción basada en la reflexión**
   Si tu niño interior te transmitió algún mensaje o sensación, reflexiona sobre cómo puedes incorporarlo en tu vida diaria. Tal vez necesites cuidar una herida emocional, brindarte más compasión o tomar una decisión que te haga sentir más alineado con tu esencia. Piensa en una acción concreta, por pequeña que sea, que puedas llevar a cabo para honrar y atender las necesidades de tu niño interior.

El poder del silencio radica en su capacidad de llevarnos a lo más profundo de nuestro ser. Al practicarlo conscientemente, creamos un puente de comunicación con nuestro niño interior, permitiéndonos escucharlo, comprenderlo y acompañarlo en su sanación. Este ejercicio puede ser una herramienta valiosa para ganar claridad sobre lo que necesitas y avanzar en tu camino de autodescubrimiento.

CAPÍTULO 22
El Niño Interior en las Relaciones Amorosas

Como el Niño Interior impacta nuestras relaciones

Nuestro niño interior juega un papel fundamental en la manera en que nos relacionamos con los demás, especialmente en las relaciones amorosas. A menudo, las heridas emocionales que arrastramos desde la infancia se manifiestan en nuestras relaciones adultas, afectando la manera en que nos conectamos, comunicamos y experimentamos el amor.

Estas heridas pueden originarse en experiencias de negligencia, abandono, críticas o necesidades emocionales no satisfechas durante la niñez. Como adultos, podemos inconscientemente buscar relaciones que reflejen estas experiencias pasadas, repitiendo patrones poco saludables. Alternativamente, podemos cargar con el bagaje emocional de no sentirnos dignos de amor, confianza o intimidad. Esto puede generar miedos, inseguridades y autosabotaje en las relaciones.

Reconocer cómo el niño interior influye en nuestras relaciones románticas es el primer paso para sanar y construir conexiones más saludables. Comprender los patrones emocionales subyacentes nos permite liberarnos de las heridas del pasado y crear relaciones más equilibradas y satisfactorias.

Construyendo Relaciones Saludables

Para fomentar relaciones amorosas sanas y enriquecedoras, es fundamental desarrollar intimidad emocional y una comunicación abierta. A continuación, algunos enfoques clave para lograrlo:

1. **Autoconocimiento y Sanación**
   El primer paso es reconocer y comprender las necesidades y heridas emocionales de tu niño interior. Al sanar esas heridas, puedes entrar

en una relación con una mayor claridad de ti mismo y disposición emocional. La autosanación también ayuda a reducir los desencadenantes emocionales que provienen de experiencias pasadas.

2. **Comunicación Abierta**
   La comunicación es la base de cualquier relación. Ser abiertos y vulnerables con nuestra pareja sobre nuestros sentimientos y necesidades fomenta una mayor intimidad emocional. Un ambiente de confianza y aceptación mutua permite que ambos puedan expresarse sin temor al juicio o al rechazo.

3. **Establecer Límites Saludables**
   Para que una relación sea equilibrada, es fundamental establecer límites claros. Definir y respetar los propios límites, así como los de la pareja, permite que ambos individuos mantengan su autonomía sin perder la conexión. Los límites fortalecen la seguridad emocional y el respeto mutuo en la relación.

4. **Disponibilidad Emocional**
   La disponibilidad emocional es crucial para construir conexiones profundas e íntimas. Estar presente, atento y ser receptivo a las necesidades emocionales de cada uno fortalece el vínculo en una relación.

5. **Sanar Juntos**
   La sanación no tiene que ser un proceso solitario. Las parejas pueden apoyarse mutuamente en su crecimiento, siendo compasivas y comprensivas respecto a los viajes emocionales del otro. Este apoyo mutuo ayuda a construir confianza y una conexión más profunda.

El Impacto de las Heridas No Sanadas de la Infancia

Las heridas emocionales no sanadas de la infancia pueden influir profundamente en la forma en que nos relacionamos en el ámbito romántico. Sin darnos cuenta, estas cicatrices pueden activarse en diferentes situaciones, llevándonos a repetir patrones y miedos del pasado. Por ejemplo, si una persona creció en un hogar donde el afecto era reprimido o el amor era condicional, podría tener dificultades con sentimientos de insuficiencia o temor al rechazo en sus relaciones adultas. Esto puede generar desafíos como:

- **Miedo al Abandono**: Si en la infancia hubo negligencia o cuidado inconsistente, un adulto puede temer constantemente al abandono,

lo que puede llevar a actitudes dependientes, celos o incapacidad para confiar plenamente en una relación.
- **Complacer a los Demás**: Si un niño fue elogiado solo por su comportamiento y logros, pero no por su valor intrínseco, puede crecer buscando validación complaciendo a los demás, sacrificando sus propias necesidades en el proceso.
- **Bagaje Emocional**: En algunos casos, el trauma emocional no resuelto puede llevar a un cierre emocional, dificultando la conexión o la vulnerabilidad con la pareja.

Comprender cómo estas heridas del pasado se manifiestan en nuestra vida romántica es clave para sanar y construir relaciones más sanas. En lugar de buscar amor de manera poco saludable, es fundamental desarrollar amor propio y un sentido sólido de valía personal.

Sanando el Niño Interior para el Crecimiento de la Relación

Sanar el niño interior es un proceso gradual y compasivo que requiere paciencia y cuidado personal. Implica reconocer las necesidades no satisfechas y el dolor emocional de la infancia y aprender a nutrir y consolar a ese niño interior dentro de nosotros. A continuación, algunas formas de hacerlo:

1. **Diálogo con el Niño Interior**

   Una técnica efectiva para la sanación es entablar un diálogo con tu niño interior a través de la visualización o la escritura. Imagina hablar directamente con tu yo más joven, ofreciéndole consuelo, seguridad y comprensión. Reconoce sus miedos y heridas, y dale el amor y el apoyo que en su momento no recibió.

2. **Autocompasión**

   Practicar la autocompasión es un aspecto clave de la sanación del niño interior. En lugar de criticarte o juzgarte por decisiones pasadas en tus relaciones, trátate con amabilidad y comprensión. Háblate a ti mismo como lo harías con un amigo querido que está pasando por dificultades. Al brindarte amor y cuidado, puedes comenzar a sanar las heridas del pasado y construir tu autoestima.

3. **Trabajo Terapéutico**

   Para quienes tienen traumas o heridas profundas de la infancia, la terapia puede ser una herramienta invaluable. Trabajar con un terapeuta, especialmente uno con experiencia en trabajo de niño interior, puede ayudar a descubrir y abordar las causas raíz de estos patrones emocionales. La terapia proporciona un espacio seguro para explorar recuerdos de la infancia y procesar experiencias dolorosas de manera saludable.

4. **Crear Nuevas Creencias Sobre el Amor**
   Muchas creencias sobre el amor se forman en la infancia, como *"El amor es condicional"*, *"Debo ganarme el amor"*, o *"No soy digno de amor"*. Parte del proceso de sanación es cuestionar estas creencias y reemplazarlas por otras que fomenten relaciones más saludables, como *"El amor es incondicional"*, *"Soy digno de amor y respeto"*, o *"Merezco relaciones equilibradas y amorosas"*.

5. **Establecer Límites con el Niño Interior**
   Parte de la sanación del niño interior es aprender a establecer límites. Esto significa darte permiso para decir "no" cuando sea necesario y proteger tu bienestar emocional. Cuando éramos niños, es posible que no tuviéramos la capacidad o la oportunidad de establecer límites con los adultos o cuidadores. Como adultos, debemos aprender a crear y hacer cumplir límites para garantizar que nuestras necesidades emocionales sean respetadas en las relaciones.

Construyendo Resiliencia Emocional en las Relaciones

La resiliencia emocional es una cualidad esencial para construir relaciones fuertes y duraderas. Se refiere a la capacidad de adaptarse a los desafíos emocionales y reponerse de las experiencias difíciles. Cuando somos emocionalmente resilientes, podemos mantener el equilibrio y la perspectiva, incluso durante dificultades en la relación.

Aquí hay algunas formas de construir resiliencia emocional en las relaciones románticas:

1. **Abrazar la Vulnerabilidad**
   La vulnerabilidad a menudo se ve como una debilidad, pero en realidad es una señal de fortaleza. Permitirte ser vulnerable significa compartir tus verdaderos sentimientos y temores con tu pareja, lo que crea una mayor intimidad y confianza. Cuando ambos miembros de la pareja están emocionalmente disponibles y abiertos, la relación se convierte en un espacio seguro para el crecimiento y la sanación.

2. **Autoregulación y Conciencia Emocional**
   Desarrollar conciencia emocional te permite comprender y regular mejor tus emociones en momentos de tensión. Esto significa reconocer cuándo las heridas de tu niño interior están siendo desencadenadas y tomar un paso atrás para calmarte. Técnicas como la atención plena, la meditación o la respiración profunda pueden ayudarte a manejar las reacciones emocionales y evitar que escalen en conflictos.

3. **Apoyo Mutuo**
   Las relaciones saludables prosperan en el apoyo mutuo. Las parejas deben ser el ancla emocional del otro, ofreciendo empatía, comprensión y aliento en los momentos difíciles. Esto no significa resolver los problemas del otro, sino crear un espacio seguro y de apoyo donde ambos puedan sentirse escuchados y validados.

4. **Aceptar la Imperfección**
   Nadie es perfecto y las relaciones inevitablemente enfrentan desafíos. Aceptar tus propias imperfecciones y las de tu pareja te permite navegar las dificultades con gracia y paciencia. Una relación resiliente abraza los defectos y errores como oportunidades para aprender y crecer.

Cómo el Niño Interior Se Manifiesta en la Intimidad

El niño interior también juega un papel en cómo experimentamos la intimidad en las relaciones amorosas. Por ejemplo, las personas con necesidades infantiles no satisfechas de afecto o validación pueden buscar constantemente afecto físico o atención en sus relaciones románticas. Por el contrario, aquellos con miedo de ser heridos pueden tener dificultades para abrirse emocional o físicamente.

Para cultivar una intimidad saludable, es importante:

- Abordar cualquier miedo o inseguridad que tengas sobre el amor y la conexión.
- Aprender a expresar tus deseos y necesidades abiertamente.
- Crear un ambiente emocionalmente seguro donde ambos miembros de la pareja se sientan valorados y respetados.

Al nutrir la intimidad emocional, sanar al niño interior y construir patrones de relación saludables, puedes desarrollar relaciones basadas en el amor, la confianza y el apoyo mutuo. Con el tiempo, a medida que sanas a tu niño interior, notarás que puedes ofrecer conexiones emocionales más profundas y crear relaciones más satisfactorias y nutritivas que contribuyan a tu bienestar general.

Ejercicio: Analizando Patrones en Relaciones Pasadas y Reflexionando sobre Cómo se ha Manifestado el Niño Interior

Objetivo: Este ejercicio tiene como objetivo ayudarte a explorar y comprender cómo tu niño interior ha influido en tus relaciones románticas pasadas. Al reflexionar sobre estos patrones, puedes obtener ideas sobre cómo las heridas de la infancia han moldeado la dinámica de tus relaciones.

Instrucciones:
1. **Reflexiona sobre Relaciones Pasadas**
   Tómate un tiempo para reflexionar sobre tus relaciones románticas pasadas. Haz una lista de las relaciones significativas que has tenido. Para cada relación, considera las siguientes preguntas:

   - ¿Cómo te sentías contigo misma en la relación?
   - ¿Hubo patrones emocionales o conflictos recurrentes?
   - ¿Qué necesidades tenías que no fueron satisfechas?
   - ¿Experimentaste sentimientos de abandono, negligencia o miedo en la relación?

2. **Identifica Patrones de Comportamiento**
   Busca patrones en tus relaciones. ¿Sueles atraer a ciertos tipos de parejas o caer en los mismos conflictos? Por ejemplo, ¿te encuentras repitiendo relaciones con personas emocionalmente no disponibles, o luchando con problemas de confianza? Estos patrones pueden reflejar problemas no resueltos de tu infancia.

3. **Examina Cómo se Manifiesta el Niño Interior**
   Reflexiona sobre cómo tu niño interior pudo haberse manifestado en estas relaciones. Por ejemplo, ¿buscaste validación y amor de tu pareja porque no recibiste suficiente apoyo emocional cuando eras niña? ¿Actuaste desde el miedo o la inseguridad, tal vez alejando a tu pareja porque temías ser abandonada, como sentías cuando eras niña?

4. **Reconoce las Heridas**
   Una vez que hayas identificado los patrones y comportamientos, reconoce las heridas emocionales que están impulsando estos patrones.

Toma nota de cualquier sentimiento o experiencia de tu infancia que pueda estar conectado con estos patrones. Comprender el origen de estas heridas es esencial para la sanación.

5. **Crea un Plan de Acción para la Sanación**
   Piensa en los pasos que puedes tomar para sanar estas heridas. Considera la terapia, la autorreflexión, la escritura en un diario o prácticas espirituales como herramientas para abordar y sanar tu niño interior. También piensa en cómo puedes crear dinámicas de relación más saludables en el futuro.

6. **Comprométete con Nuevos Patrones**
   Comprométete a romper conscientemente los patrones que ya no te sirven. Esto puede implicar establecer límites, aprender a comunicarte más abiertamente y reconocer cuándo las heridas de tu niño interior están siendo activadas. El objetivo es crear espacio para relaciones más saludables basadas en el amor propio, el respeto mutuo y la sanación emocional.

Al reflexionar sobre tus relaciones pasadas y cómo el niño interior ha influido en ellas, puedes comenzar a sanar y avanzar con patrones de relación más saludables. Este proceso te permite liberarte de las heridas emocionales pasadas y abrir la puerta a relaciones más satisfactorias y nutritivas.

CAPÍTULO 23
La Resiliencia del Niño Interior

Fortaleza y Resiliencia: Cómo el Niño Interior Puede Ser una Fuente de Fortaleza en Tiempos Difíciles

La resiliencia es la capacidad de superar adversidades, adaptarse y salir más fuerte de las dificultades. A menudo pensamos en la resiliencia como una característica desarrollada a lo largo de la vida, pero lo cierto es que nuestra resiliencia está profundamente vinculada a nuestro niño interior. Esta parte de nosotros, que lleva las huellas de nuestra infancia, puede ser una fuente de fortaleza inmensa, incluso cuando enfrentamos desafíos en la vida adulta.

El niño interior representa nuestra esencia más pura y auténtica, nuestra creatividad, capacidad de asombro y conexión profunda con la vida. En momentos difíciles, recurrir a esta parte interna puede ayudarnos a encontrar fuerza, esperanza y claridad. Su perspectiva única, nos permite ver el mundo con ojos frescos y sin las limitaciones que a menudo nos imponemos como adultos. Esta capacidad de ver la vida desde una visión más amplia puede guiarnos a encontrar soluciones y estrategias para atravesar los obstáculos.

El niño interior también puede ser una fuente de resiliencia porque a menudo tiene una capacidad innata para la adaptación y el juego. Durante la infancia, aprendemos a lidiar con pequeños y grandes desafíos, desde caídas hasta pérdidas, y el niño interior puede recordarnos cómo esa capacidad de adaptarnos, aprender y seguir adelante sigue viva en nosotros.

Historias de Resiliencia: Ejemplos de Cómo la Conexión con el Niño Interior ha Ayudado a Superar Desafíos

- **Ejemplo 1: Recuperación Tras la Pérdida de un Ser Querido**
  Ana perdió a su madre cuando era joven, y durante años luchó con la tristeza y el vacío que dejó esa pérdida. Sin embargo, al reconectar con su niño interior a través de la meditación y la escritura en un diario, comenzó a recordar los momentos felices de su infancia y los

consejos de su madre sobre la resiliencia. Esto la inspiró a encontrar formas de honrar su memoria y utilizar el dolor como una fuerza para ayudar a otros que pasaban por situaciones similares. La conexión con su niño interior le permitió transformar el dolor en un impulso para el crecimiento personal y la ayuda a los demás.

- **Ejemplo 2: Superando una Crisis Profesional**
  Carlos atravesó un período de gran dificultad en su carrera, con un despido inesperado y la sensación de fracaso. Recordando cómo, de niño, siempre encontró maneras de enfrentar las adversidades, como cuando aprendió a montar su bicicleta o superó sus temores a los exámenes escolares, Carlos se apoyó en su niño interior para afrontar la crisis. Empezó a ver el desafío como una oportunidad para reinventarse, retomando su pasión por la fotografía, una afición que había abandonado por la presión profesional. Al reconectar con esa parte de sí mismo que aún disfrutaba de los pequeños momentos, pudo superar la crisis y encontrar un nuevo camino profesional.

- **Ejemplo 3: Sanando una Relación Familiar**
  Marta siempre sintió que su relación con su padre era distante y fría. Sin embargo, al trabajar con su niño interior, empezó a recordar cómo, de pequeña, deseaba la aceptación y el cariño de su padre. Al sanar esa herida interna, Marta comenzó a ver a su padre desde una nueva perspectiva, entendiendo sus propios miedos y limitaciones. Esto le permitió abrir un diálogo honesto y emocional con él, restaurando una relación que parecía perdida. La resiliencia de su niño interior la motivó a actuar con amor y paciencia, superando los viejos patrones de dolor y resentimiento.

Ejercicio: Identificar Momentos en la Vida en los que el Niño Interior ha Mostrado Resiliencia

Objetivo: Este ejercicio está diseñado para ayudarte a reflexionar sobre los momentos en tu vida en los que tu niño interior ha demostrado resiliencia. Al identificar y reconocer estos momentos, podrás fortalecer tu conexión con esa parte interna de ti mismo que siempre ha sido capaz de enfrentar desafíos y superarlos.

Instrucciones:
1. **Paso 1: Reflexiona sobre tu Infancia**
   Piensa en momentos de tu infancia en los que enfrentaste desafíos. Pueden ser situaciones como mudarte a una nueva ciudad, cambiar

de escuela, una enfermedad o cualquier otra experiencia que te haya puesto a prueba. Anota los eventos en los que, aunque quizás no eras consciente de ello en ese momento, encontraste una forma de adaptarte o sobreponerte.

2. **Paso 2: Reconocer la Resiliencia en el Niño Interior**
Ahora que has identificado esos momentos, reflexiona sobre cómo tu niño interior reaccionó ante ellos. ¿Cómo lograste encontrar fuerza en esos momentos difíciles? ¿Cómo te sobrepusiste a la tristeza, el miedo o la incertidumbre? Tómate un tiempo para escribir sobre esos momentos y cómo el niño interior se enfrentó a los obstáculos con una actitud de adaptación, superación o incluso juego.

3. **Paso 3: Identificar Herramientas y Recursos Internos**
Reconoce qué recursos internos utilizaste en esos momentos difíciles. Tal vez fue tu imaginación, tu capacidad de buscar consuelo en algo que te hacía feliz, o simplemente una actitud positiva de "seguir adelante". Estos recursos son parte de tu niño interior resiliente. Haz una lista de las cualidades y habilidades que te ayudaron a enfrentar los desafíos.

4. **Paso 4: Aplicar la Resiliencia a la Vida Actual**
Piensa en un desafío actual que estés enfrentando. Reflexiona sobre cómo podrías aplicar la resiliencia de tu niño interior a esta situación. ¿Cómo podrías ver el desafío con ojos frescos, sin las limitaciones de la adultez? ¿Cómo podrías conectar con esa capacidad innata de adaptación y fortaleza para superar este obstáculo?

5. **Paso 5: Agradecer al Niño Interior**
Termina este ejercicio agradeciendo a tu niño interior por su fortaleza y resiliencia. Reconocer que dentro de ti vive una parte que ha enfrentado desafíos con valentía te permitirá tener una perspectiva más optimista y equilibrada en tu vida actual.

Al reconectar con el niño interior y reconocer su resiliencia, no solo sanamos viejas heridas, sino que también fortalecemos nuestra capacidad de enfrentar los desafíos de la vida con un espíritu renovado. El niño interior es una fuente poderosa de fortaleza y creatividad, y al nutrirlo, podemos descubrir una resiliencia profunda que nos permite transformar cualquier adversidad en una oportunidad para crecer.

Fortaleza del Niño Interior en la Adultez: ¿Cómo Podemos Aplicar su Resiliencia Hoy?

Cuando somos adultos, a menudo olvidamos las lecciones valiosas que aprendimos en la niñez, aquellas que nos ayudaron a enfrentar los desafíos más grandes con valentía y esperanza. Sin embargo, nuestra resiliencia no desaparece, está oculta en lo más profundo de nuestro ser, en esa parte llamada el niño interior.

El niño interior posee una increíble capacidad para la auto recuperación, la adaptación y el perdón. A lo largo de nuestra vida, esta parte de nosotros ha sido testigo de nuestra evolución y ha aprendido a sobrevivir. De hecho, muchos de los recursos con los que contamos para superar nuestras dificultades en la adultez, como la creatividad, la flexibilidad y la capacidad de ser auténticos, provienen de esa conexión con nuestra esencia más pura.

El secreto para aplicar la resiliencia del niño interior en la adultez es aprender a reconocer las emociones y necesidades de este niño que habitan en nuestro interior. Si nos encontramos atrapados en emociones de desesperanza, rabia o tristeza, podemos preguntarnos: "¿Cómo me sentía este niño cuando enfrentaba una situación difícil?" Al recuperar la energía vital de esa parte interna, podemos superar las barreras del miedo y recuperar el impulso para avanzar.

La Resiliencia a Través de los Ojos del Niño Interior

Una de las cualidades más poderosas de la resiliencia del niño interior es su capacidad para ver el mundo con frescura. Los niños no se quedan atrapados en el pasado ni se preocupan demasiado por el futuro. Tienen la capacidad de ver cada día como una nueva oportunidad. Esta es una lección que podemos aprender para nuestra vida cotidiana.

Por ejemplo, cuando las cosas no salen como esperábamos o cuando la vida nos lanza una curva inesperada, podemos recordar la actitud de un niño frente a una situación que no controla. Los niños tienen una maravillosa capacidad para adaptarse y encontrar formas nuevas y creativas de enfrentarse a los desafíos. A menudo, se levantan después de caer, sin aferrarse al dolor o la frustración por mucho tiempo, simplemente siguen jugando.

Para incorporar esta forma de ver la vida, es importante practicar el *vivir en el presente* y aceptar los momentos tal como son, sin intentar controlarlos o forzarlos. Esta actitud flexible puede ayudarnos a sobrellevar las dificultades con una mentalidad más positiva y abierta.

Ejemplos de Resiliencia del Niño Interior en Diferentes Ámbitos de la Vida

1. **En el Ámbito Laboral**

   En el mundo laboral, es común enfrentar fracasos o desilusiones. Sin embargo, el niño interior tiene la capacidad de aprender de esos fracasos sin verlos como el final del camino. Recordemos cómo los niños no se frustran eternamente cuando cometen un error, sino que aprenden de él y siguen adelante con una nueva perspectiva. Este es un enfoque que podemos aplicar para mantener la resiliencia en el trabajo, sin permitir que los contratiempos nos definan.

2. **En las Relaciones Personales**

   Las relaciones son uno de los terrenos más difíciles para muchas personas. La vulnerabilidad, el miedo al rechazo o la sensación de no ser comprendido son emociones comunes. Sin embargo, el niño interior tiene la capacidad de expresar sus necesidades con claridad y también puede perdonar y dejar ir sin rencor. Al reconectar con esta parte, podemos aprender a ser más abiertos, compasivos y auténticos en nuestras relaciones, permitiendo que la resiliencia fluya a través de la comunicación y el entendimiento.

3. **En la Salud Emocional**

   En los momentos en los que nos sentimos emocionalmente agotados, el niño interior puede servirnos como recordatorio de la importancia de cuidarnos con ternura y compasión. Así como los niños necesitan ser abrazados y consolados cuando están tristes, nosotros también debemos aprender a ofrecerle a nuestra propia alma esa misma bondad. Practicar el autocuidado, la meditación y la autocompasión es vital para nutrir al niño interior y mantener nuestra resiliencia emocional.

Ejercicio Práctico: Conectando con la Resiliencia del Niño Interior

Este ejercicio tiene como objetivo ayudarte a identificar las cualidades resilientes de tu niño interior y aplicarlas a tu vida actual.

1. **Paso 1: Crea un Espacio de Reflexión**

   Busca un lugar tranquilo donde puedas estar a solas y relajado/a. Siéntate cómodamente y cierra los ojos. Respira profundamente y deja que tu mente se calme.

2. **Paso 2: Visualiza a tu Niño Interior**
   Imagina que te encuentras con tu niño interior, el pequeño tú, en un lugar seguro y lleno de amor. Observa cómo se siente tu niño interior en este momento. ¿Está feliz, triste, curioso? ¿Qué emociones está experimentando?

3. **Paso 3: Pregúntale sobre la Resiliencia**
   Pregunta a tu niño interior cómo enfrentó las dificultades en el pasado. ¿Qué hizo para superar los momentos difíciles? ¿Cómo se levantó después de una caída o cómo encontró una nueva forma de ver las cosas cuando todo parecía oscuro? Presta atención a las respuestas que surjan en tu mente.

4. **Paso 4: Llévate los Consejos al Mundo Real**
   Ahora que has recibido la sabiduría de tu niño interior, reflexiona sobre cómo puedes aplicar estas lecciones en tu vida actual. ¿Hay alguna situación en la que necesites adoptar una actitud más flexible o creativa? ¿Cómo puedes aprender a ver las dificultades como oportunidades para crecer y adaptarte, como lo hacía tu niño interior?

5. **Paso 5: Agradece y Nutre a tu Niño Interior**
   Agradece a tu niño interior por compartir sus lecciones contigo. Prométete que, a partir de este momento, honrarás la resiliencia que siempre ha estado en ti. Puedes llevar esta sensación de conexión a tu vida diaria, recordando que, incluso en los momentos más difíciles, el niño interior dentro de ti tiene la fuerza para seguir adelante.

La Fuerza que Viene del Niño Interior

La resiliencia del niño interior es una herramienta poderosa que todos podemos utilizar en nuestra vida adulta. Reconectar con esa parte de nosotros que es capaz de ver el mundo con frescura, optimismo y valentía nos permite superar desafíos con una mentalidad renovada. Aprender de nuestras experiencias pasadas, honrar las lecciones del niño interior y aplicar su resiliencia en la vida diaria puede transformar nuestras dificultades en caminos de crecimiento personal y espiritual.

El niño interior nunca ha dejado de ser parte de ti. Solo tienes que escuchar y confiar en su sabiduría para descubrir todo lo que puedes lograr, incluso en los momentos más oscuros.

CAPÍTULO 24
La Alegría de la Improvisación

La improvisación, a menudo asociada con la creatividad y la acción espontánea, tiene un poder especial cuando se trata de reconectar con nuestro niño interior. En este capítulo, exploramos la importancia de la improvisación como una manera de traer alegría, libertad y ligereza a nuestra vida cotidiana.

La Importancia de la Improvisación: Fomentando la Espontaneidad y la Alegría en la Vida Diaria

La improvisación es el arte de crear y responder a situaciones en el momento, sin planificación ni estructura previa. Se trata de estar presentes, ser flexibles y estar libres de expectativas rígidas. Cuando nos permitimos improvisar, accedemos a un espacio de creatividad y juego que los niños encarnan naturalmente.

Esta práctica nos anima a dejar ir el perfeccionismo, abrazar la incertidumbre y confiar en nuestra capacidad para adaptarnos y responder a lo que la vida nos presente. Es a través de la improvisación que encontramos alegría, ya que nos invita a explorar nuevas posibilidades, soltar el control y saborear lo inesperado.

Incorporar la improvisación en nuestra vida diaria puede ayudar a liberar el estrés, romper con las rutinas y profundizar nuestra conexión con el momento presente. También sirve como un recordatorio de que la vida no siempre se trata de tener todo planeado y controlado, sino de abrazar lo desconocido con curiosidad y deleite.

Actividades de Improvisación: Ejercicios y Juegos para Invitar a la Espontaneidad y el Juego Libre

A continuación, algunos ejercicios y juegos sencillos que invitan a la improvisación, alentándonos a entrar en un espacio de juego libre y creatividad:

1. **Narración Espontánea**
   Reúne a un grupo o hazlo en solitario. Comienza una historia con una frase simple, como "Había una vez un pequeño pájaro curioso".

Luego, continúa agregando a la historia, permitiendo que cada nueva frase surja espontáneamente sin sobre pensar. Si estás con otros, tomen turnos para aportar una frase a la vez. El objetivo es dejar que la historia se desarrolle de manera natural y creativa, sin preocuparse por la estructura o la perfección.

2. **Juegos de Improvisación**
    - **Sí, y....**: En este juego, los participantes toman turnos haciendo afirmaciones. Cada afirmación debe comenzar con "Sí, y....", para construir sobre lo que dijo la persona anterior. Esto fomenta un sentido de colaboración y flujo, permitiendo que la historia o la conversación evolucione orgánicamente.
    - **Transformación de Objetos**
      Elige un objeto cotidiano (como un lápiz, cuchara o taza) e improvisa una escena donde ese objeto se transforme en algo completamente diferente. Por ejemplo, un lápiz podría convertirse en un micrófono, y podrías hacer un discurso o cantar una canción. El objetivo es estirar tu imaginación y ver las cosas comunes de manera diferente.

3. **Improvisación en Movimiento**
Pon algo de música y permite que tu cuerpo se mueva libremente sin coreografía ni planificación. Deja que tu cuerpo responda al ritmo, la melodía y la energía de la música. Esta actividad aprovecha el instinto natural del cuerpo para la creatividad y la espontaneidad. Es una excelente manera de reconectar con tu ser juguetón e inhibido.

4. **Dibujar o Pintar Sin Plan**
Establece un temporizador de 10 minutos y comienza a dibujar o pintar sin una idea específica en mente. Deja que tu mano se mueva libremente sobre el papel o el lienzo. El objetivo no es crear una imagen perfecta, sino abrazar la alegría de la expresión y ver a dónde te llevan las marcas.

5. **Improvisación en Conversaciones**
Participa en una conversación donde ambos participantes acuerden hablar espontáneamente sin planear lo que van a decir de antemano. Trata de responder a las palabras del otro en tiempo real, permitiendo que la conversación evolucione de manera natural, sin guion ni agenda. Esta práctica fomenta un sentido de conexión y apertura, haciendo que la interacción se sienta fresca y viva.

Ejercicio: Participa en una Actividad de Improvisación y Reflexiona sobre la Experiencia

Objetivo: Este ejercicio está diseñado para ayudarte a abrazar la espontaneidad y reflexionar sobre la alegría y libertad que la improvisación trae. Al entrar en un espacio de juego y creatividad, puedes profundizar tu conexión con tu niño interior y fomentar una sensación de alegría y libertad en tu vida.

Instrucciones:

Paso 1: Elige una Actividad

Elige una de las actividades de improvisación mencionadas anteriormente, o crea tu propia actividad espontánea. Podría ser cualquier cosa que fomente la libre expresión, el juego y la creatividad. Puedes hacerlo solo o con otros.

Paso 2: Suelta el Control

A medida que te involucres en la actividad, permítete soltar completamente el control. No hay una forma correcta o incorrecta de hacerlo; simplemente enfócate en la experiencia y en la alegría de estar en el momento. Suelta cualquier presión para hacer o lograr algo específico.

Paso 3: Abraza el Proceso

Abraza el proceso de improvisación, ya sea creando algo nuevo, moviéndote libremente o participando en una interacción juguetona. Presta atención a cómo se siente liberar expectativas y confiar en el flujo del momento. Nota si surgen viejos hábitos o creencias sobre el control, el perfeccionismo o el juicio, y déjalos ir con suavidad.

Paso 4: Reflexiona sobre la Experiencia

Después de completar la actividad, tómate un momento para reflexionar sobre cómo te sentiste. Escribe tus pensamientos y sentimientos sobre la experiencia. ¿Te sentiste más relajado, alegre o creativo? ¿Encontraste desafíos o momentos de resistencia? ¿Cómo puedes traer más improvisación a tu vida diaria para fomentar la espontaneidad y la diversión?

Paso 5: Integra la Alegría en la Vida Diaria

Considera formas de incorporar más improvisación en tu vida. ¿Cómo puedes abrazar más momentos espontáneos? ¿Cómo puedes soltar el control y encontrar alegría en el momento presente, tal como lo haría un niño? Mantén estas ideas en mente mientras te mueves a través de tu rutina diaria.

El Poder Sanador de la Espontaneidad y el Juego

La improvisación no solo se trata de creatividad, sino también de sanación. A menudo, como adultos, nos volvemos demasiado estructurados en nuestros pensamientos y acciones, lo que conduce al estrés, agotamiento y una sensación de desconexión de nuestra alegría. Incorporar la improvisación en nuestras vidas nos ayuda a liberarnos de estas limitaciones, permitiéndonos experimentar la libertad y el juego que alguna vez tuvimos de niños. Cuando nos involucramos en actos espontáneos, ya sea a través del movimiento, el habla o la expresión artística, accedemos a una sensación de sanación que proviene del simple "ser" en lugar de "hacer".

El proceso de improvisación puede liberar tensiones y permitirnos expresar emociones de manera saludable y orgánica. Crea un espacio para la catarsis emocional, donde los sentimientos pueden ser expresados a través del movimiento, el sonido o la creatividad, sin juicio ni inhibición. Cuando nos acercamos a la vida con una mentalidad improvisacional, nos estamos dando permiso para experimentar la alegría de estar plenamente vivos.

La Improvisación como un Camino hacia la Resiliencia Emocional

La práctica de la improvisación también fortalece la resiliencia emocional. La vida es impredecible y los desafíos pueden surgir en cualquier momento. Al practicar la improvisación, aprendemos a adaptarnos a lo que se nos presenta. La flexibilidad que desarrollamos a través de acciones espontáneas se traduce directamente en resiliencia emocional, permitiéndonos enfrentar situaciones difíciles con una mente abierta y un corazón optimista.

Al igual que un niño que cae y se vuelve a levantar sin pensarlo demasiado, la improvisación nos enseña a tomar las cosas con ligereza y no quedarnos atrapados en el perfeccionismo o el miedo al fracaso. En su lugar, aprendemos a reírnos de nosotros mismos, abrazar lo inesperado y encontrar soluciones creativas a los problemas que surgen.

Improvisación y el Estado de Flujo

La improvisación está estrechamente vinculada con el concepto de "flujo", un estado mental en el que una persona está completamente inmersa en la actividad que tiene entre manos, perdiendo la noción del tiempo y de la autoconciencia. Este estado se describe a menudo como una de las formas más altas de disfrute y expresión creativa. Cuando improvisamos, entramos naturalmente en un estado de flujo porque no estamos limitados por las restricciones de la planificación o la preparación. En cambio, respondemos al momento, dejando que nuestros instintos y creatividad nos guíen.

Experimentar el flujo a través de la improvisación puede tener efectos profundos en nuestro bienestar mental. Ayuda a reducir el estrés, aumenta los sentimientos de alegría y mejora la satisfacción general con la vida. Cuando nos permitimos entrar en este estado regularmente, comenzamos a sentirnos más conectados con el presente y menos abrumados por los arrepentimientos del pasado o las ansiedades del futuro.

La Improvisación en la Vida Cotidiana: Trayendo Más Juego a Tu Rutina

Si bien las actividades formales de improvisación como los juegos de teatro o los proyectos artísticos son maravillosas, también puedes traer la improvisación a tu vida diaria simplemente permitiendo más espontaneidad y juego en tu rutina. Aquí hay algunas formas de comenzar a improvisar más en tu vida cotidiana:

1. **Cambia tu Rutina**
   Haz algo inesperado durante tu día. Toma una ruta diferente al trabajo, prueba una nueva actividad o sal de tus hábitos habituales. Este cambio sencillo puede sacudir las cosas y brindar una nueva perspectiva a tu día.

2. **Participa en Conversaciones Creativas**
   Intenta participar en conversaciones donde no planifiques tus respuestas. Deja que la conversación se desarrolle naturalmente sin preocuparte por el resultado. Esto puede ayudarte a conectar más profundamente con los demás y permitir intercambios más auténticos.

3. **Suelta el Control**
   Permítete ser menos controlador en situaciones que normalmente te estresan. Esto podría significar dejar que otra persona tome la iniciativa o darte permiso para "no tener todas las respuestas". A veces, las mejores soluciones provienen de entregar el control y confiar en el proceso.

4. **Improvisa en tu Movimiento Físico**
   Ya sea bailando al ritmo de la música en tu sala o jugando un deporte, involucra tu cuerpo en movimientos espontáneos. Esto no requiere ninguna habilidad ni práctica; solo deja que tu cuerpo siga el ritmo y la energía del momento. La libertad física que experimentes se trasladará a otras áreas de tu vida.

5. **Crea sin Expectativas**
   Tómate unos minutos para crear algo—lo que sea—sin ningún objetivo en mente. Ya sea dibujando, escribiendo o haciendo algo con tus manos, suelta cualquier juicio sobre el resultado. El proceso mismo es más importante que el producto final.

El Espíritu Infantil de la Improvisación

En su esencia, la improvisación consiste en reconectar con el espíritu infantil que reside en nosotros, esa parte que es libre, espontánea y llena de alegría. De niños, éramos expertos en improvisar. Creábamos historias, juegos y mundos imaginarios de la nada. A medida que fuimos creciendo, a menudo se nos enseñó a dejar atrás esas tendencias lúdicas a favor de la responsabilidad y la practicidad. Sin embargo, al abrazar la improvisación como adultos, podemos reconectar con esa parte alegre y creativa de nosotros mismos e infundir nuestras vidas con una sensación de diversión y emoción.

Cómo la Improvisación Mejora la Creatividad y la Innovación

Uno de los principales beneficios de la improvisación es su capacidad para incrementar la creatividad y fomentar la innovación. Al improvisar, nos permitimos pensar fuera de lo común y dejar de lado las estructuras rígidas que podrían limitar nuestro potencial creativo. Esta mentalidad de fluidez y libertad fomenta nuevas ideas y abre la puerta a soluciones poco convencionales para los problemas.

La improvisación no se limita únicamente a los esfuerzos artísticos: puede mejorar la creatividad en todas las áreas de la vida, incluidos el trabajo, las relaciones y el crecimiento personal. Al adoptar una mentalidad más improvisacional, fomentamos la innovación en nuestros pensamientos y acciones, lo que puede llevar a nuevas oportunidades emocionantes y avances personales.

Devolver la Alegría a Nuestras Vidas

En última instancia, el objetivo de la improvisación es devolver la alegría y la ligereza a nuestras vidas. Nos permite despojarnos del peso de las expectativas, el perfeccionismo y el control, y abrazar en su lugar la espontaneidad, la creatividad y la diversión que los niños encarnan tan naturalmente. Cuando nos permitimos improvisar, nos damos permiso para vivir la vida plenamente, sin miedo al fracaso o al juicio. Esta mentalidad no solo fomenta la alegría, sino que también crea espacio para el crecimiento, la sanación y la transformación.

CAPÍTULO 25
El Niño Interior y la Autenticidad

La autenticidad es la clave para vivir una vida plena y satisfactoria. A menudo, como adultos, nos encontramos atrapados en las expectativas sociales, tratando de cumplir con lo que los demás esperan de nosotros en lugar de ser fieles a nuestra verdadera esencia. Sin embargo, el niño interior, esa parte inocente, creativa y genuina que llevamos dentro, puede ayudarnos a reconectar con nuestra autenticidad. En este capítulo, exploraremos cómo el niño interior nos conecta con nuestra verdadera esencia y cómo podemos liberarnos de las máscaras sociales que nos impiden vivir de manera auténtica.

Ser autentico: Como el Niño Interior nos conecta con nuestra verdadera esencia

El niño interior es una parte de nosotros que guarda nuestra esencia más pura y auténtica. De niños, no estábamos tan influenciados por las expectativas de la sociedad ni por las presiones externas. Éramos simplemente nosotros mismos, sin miedo al juicio de los demás, disfrutando de la vida tal como venía. Esa pureza y autenticidad son cualidades que podemos redescubrir al reconectar con nuestro niño interior.

Cuando nos permitimos ser auténticos, nos alineamos con nuestra verdad interior. Ser auténtico significa ser fiel a quién somos realmente, sin tratar de encajar en moldes o roles predefinidos. Significa mostrar nuestras emociones, pensamientos y deseos sin miedo a ser rechazados o malinterpretados. Al honrar a nuestro niño interior, nos damos el permiso de ser vulnerables, de dejar de lado las máscaras que solemos usar en la vida diaria y de abrazar nuestra verdadera naturaleza.

Reconocer y valorar nuestra autenticidad nos permite vivir de manera más libre y feliz. Nos conecta con lo que realmente importa, nos ayuda a establecer relaciones más profundas y significativas, y nos lleva a un lugar de paz interna donde nos sentimos completos tal como somos.

Desafiando las máscaras sociales; Estrategias para desprenderse de las expectativas externas y vivir auténticamente

En nuestra vida cotidiana, a menudo usamos "máscaras" sociales: adoptamos roles o comportamientos que creemos que nos ayudarán a encajar o a ser aceptados. Sin embargo, estas máscaras nos alejan de nuestra esencia y nos impiden vivir de manera auténtica. Algunas de estas máscaras pueden incluir la necesidad de ser perfectos, la de cumplir con expectativas ajenas sobre el éxito, o la de agradar a los demás a costa de nuestra propia felicidad.

Para liberarnos de estas máscaras, es fundamental empezar a cuestionar las expectativas externas que hemos internalizado a lo largo de los años. Aquí hay algunas estrategias para hacerlo:

1. **Autoconocimiento profundo:** La clave para vivir auténticamente es conocernos profundamente. Dedica tiempo a explorar quién eres realmente, cuáles son tus pasiones, tus valores, tus miedos y tus deseos. Practica la autoobservación para identificar cuándo estás usando una máscara y por qué lo haces.

2. **Aceptar la vulnerabilidad**: Vivir auténticamente requiere ser vulnerable. Esto significa mostrar tus emociones, tus inseguridades y tus debilidades sin miedo al juicio. Aceptar la vulnerabilidad nos libera de la necesidad de ser perfectos y nos permite conectar más profundamente con los demás.

3. **Decir "no" a las expectativas ajenas**: Aprende a decir "no" cuando algo no resuena contigo, aunque eso signifique desafiar las expectativas de los demás. Esto te ayudará a establecer límites saludables y a vivir de acuerdo con tus propios principios.

4. **Perdonarte a ti mismo**: Dejar ir las máscaras también implica perdonarnos por las veces en que nos escondimos detrás de ellas. Reconocer que usamos estas máscaras como una forma de protección nos permite liberarnos de su control y abrazar la autenticidad.

5. **Rodearte de personas auténticas**: Estar cerca de personas que viven de manera auténtica te inspirará a hacer lo mismo. Las relaciones auténticas son las que nos permiten ser quienes realmente somos, sin miedo a ser juzgados.

Ejercicio: Escribir sobre momentos en que se sintieron auténticos y como pueden honrar a su Niño Interior

Objetivo: Este ejercicio está diseñado para ayudarte a conectar con tu niño interior y con los momentos en los que has vivido de manera auténtica. Al recordar estos momentos, podrás comprender mejor lo que significa ser fiel a ti mismo y cómo puedes incorporar más autenticidad en tu vida diaria.

Instrucciones:

1. **Reflexiona sobre momentos auténticos**

    Tómate unos minutos para pensar en momentos específicos en los que te sentiste completamente auténtico, sin pretensiones ni máscaras. Estos pueden ser momentos de alegría, cuando estabas en completa armonía con tus emociones, o cuando hiciste algo que realmente resonaba contigo, sin preocuparte por la opinión de los demás.

2. **Escribe sobre esos momentos**

    En tu cuaderno o diario, describe detalladamente esos momentos. ¿Cómo te sentiste? ¿Qué hiciste? ¿Qué pensaste en ese momento? ¿Por qué crees que esos momentos fueron tan auténticos?

3. **Conecta con tu Niño Interior**

    Mientras escribes, pregúntate cómo tu niño interior se manifestó en esos momentos. ¿Qué cualidades de tu niño interior (como la inocencia, la creatividad, la espontaneidad) estaban presentes? ¿Cómo puedes honrar a ese niño interior ahora?

4. **Acciones para vivir de manera más auténtica**

    Reflexiona sobre cómo puedes incorporar más momentos de autenticidad en tu vida diaria. ¿Hay situaciones en las que sientes que usas una máscara? ¿Cómo podrías actuar de manera más genuina en esas circunstancias? Haz una lista de pequeñas acciones que puedas tomar para vivir de manera más auténtica.

5. **Comprométete con tu autenticidad**

    Finalmente, escribe un compromiso contigo mismo para honrar tu autenticidad y tu niño interior. Puede ser un simple recordatorio de que siempre mereces ser tú mismo y de que tu autenticidad es valiosa.

El niño interior es un puente directo a nuestra autenticidad. Al reconectar con esa parte inocente y pura de nosotros mismos, podemos liberar las máscaras que usamos para encajar en las expectativas sociales y vivir de acuerdo con nuestra verdadera esencia. Ser auténtico no solo nos beneficia a nosotros, sino que también crea un entorno más genuino y enriquecedor para quienes nos rodean. Al practicar la autenticidad, honramos a nuestro niño interior y nos permitimos vivir una vida más plena, libre de presiones externas y llena de verdadera felicidad.

La importancia de vivir de manera autentica

Vivir auténticamente no significa ser completamente espontáneo o no considerar las expectativas de los demás. Más bien, significa tomar decisiones basadas en lo que realmente resuena con nuestro ser interior, no solo por agradar a los demás o ajustarnos a normas sociales que no reflejan nuestra esencia. La autenticidad es un acto de valentía porque nos permite liberarnos de las restricciones que a menudo imponemos sobre nosotros mismos, guiados por el miedo al juicio o al rechazo.

Al elegir ser auténticos, somos capaces de vivir en congruencia con nuestros valores y creencias, lo que resulta en una mayor paz interior. Vivir de esta forma no solo tiene beneficios personales, sino también sociales. Las relaciones auténticas se basan en la sinceridad y la vulnerabilidad, lo que crea conexiones más profundas y significativas con los demás. Cuando mostramos nuestro verdadero yo, invitamos a otros a hacer lo mismo, creando un ambiente de aceptación y amor genuino.

Como el Niño Interior nos ayuda a ser auténticos

El niño interior está relacionado con la parte más pura y espontánea de nosotros mismos, aquella que no tiene miedo de ser vulnerable, que se siente libre de la crítica y que actúa de manera honesta sin preocuparse por la perfección. Los niños no tienen miedo de expresar lo que piensan, sienten o desean en ese momento. Esto es lo que necesitamos aprender a recuperar como adultos.

Cuando nos permitimos acceder a esa parte de nosotros que aún guarda el niño interior, podemos comenzar a actuar con más ligereza y menos autocensura. El niño interior no se preocupa por lo que los demás piensan, simplemente actúa desde el corazón. Al hacer espacio para ese niño dentro de nosotros, podemos comenzar a tomar decisiones más auténticas, reaccionar con mayor espontaneidad y disfrutar más de la vida.

Las máscaras sociales: ¿Por qué las usamos?

Las máscaras sociales son roles que adoptamos para encajar en las expectativas de los demás. Estos roles, que a menudo están relacionados con nuestra carrera, nuestras relaciones o incluso nuestra imagen personal, pueden hacernos sentir como si estuviéramos interpretando un papel, en lugar de ser realmente nosotros mismos. Las razones por las cuales adoptamos estas máscaras son variadas:

1. **El miedo al rechazo**
   Muchas veces, usamos máscaras para ser aceptados por los demás. Tememos que, si mostramos nuestra verdadera naturaleza, no seremos apreciados o que nos rechazarán. Esta necesidad de aprobación puede ser una de las razones por las que mantenemos una fachada.

2. **La presión social**
   La sociedad y los medios de comunicación nos imponen ciertos estándares de belleza, éxito y comportamiento. A menudo, sentimos que debemos cumplir con estas expectativas para ser considerados valiosos o respetables.

3. **La inseguridad**
   No estar seguros de quiénes somos o tener miedo de nuestra vulnerabilidad puede llevarnos a escondernos detrás de una máscara. Usamos las máscaras para protegernos de las emociones incómodas o de la posibilidad de ser heridos.

Estrategias para desprenderse de las máscaras y vivir auténticamente

1. **Reflexión y conciencia**
   El primer paso para liberarnos de las máscaras es reconocer cuándo las estamos usando. Reflexiona sobre las veces en que te comportas de una manera que no es fiel a ti mismo. Tómate un tiempo para identificar las situaciones o personas con las que sueles "ponerte una máscara". ¿Por qué lo haces? ¿Qué temores o inseguridades están en juego?

2. **Afrontar el miedo al rechazo**
   Acepta que no todo el mundo te aceptará tal como eres, y eso está bien. La autenticidad no significa agradar a todos, sino ser fiel a ti

mismo. Al liberarte de la necesidad de aprobación externa, te sentirás más libre y menos limitado por el juicio de los demás.

3. **Practicar la autoaceptación**
   La autenticidad proviene de la aceptación incondicional de ti mismo. Aprende a amarte tal como eres, sin intentar cumplir con las expectativas ajenas. A medida que desarrollas una mayor autoestima, las máscaras sociales se desvanecen por sí solas.

4. **Tomar pequeños riesgos**
   Comienza a actuar de manera más auténtica en situaciones cotidianas. Puedes empezar por decir lo que realmente piensas en una conversación, expresar tus emociones o tomar decisiones que reflejen tus deseos y necesidades. Cuanto más practiques, más natural será.

5. **Crear un entorno seguro**
   Rodéate de personas que valoren tu autenticidad y que te acepten tal como eres. Estas personas te darán el apoyo que necesitas para quitarte las máscaras y ser tú mismo sin temor al juicio.

El Niño Interior como guía para la autenticidad

Tu niño interior es el espejo de tu verdadero ser, de lo que realmente eres sin las influencias externas. Al aprender a conectar con este niño, puedes comenzar a escuchar sus necesidades, deseos y emociones con más claridad. En lugar de seguir las expectativas de la sociedad, el niño interior te invita a vivir con honestidad, a expresar tus sentimientos sin miedo y a disfrutar de los pequeños momentos de la vida.

Al darle espacio a tu niño interior, podrás encontrar la libertad de ser quien realmente eres. Este proceso implica dejar de lado las preocupaciones por la imagen, por lo que los demás piensan de ti, y abrazar lo que te hace único y especial. Como el niño interior no tiene miedo de ser auténtico, aprenderás a confiar en ti mismo y a honrar tu verdadera esencia.

Ejercicio: Reconociendo el valor de la autenticidad

Este ejercicio está diseñado para ayudarte a recordar cómo la autenticidad te conecta con tu niño interior y cómo puedes practicarla en tu vida diaria.

1. **Recuerda momentos de pureza emocional**
   Reflexiona sobre ocasiones en las que te sentiste completamente libre, sin preocuparte por lo que los demás pensaban. Puede ser cuando

compartiste algo muy personal, cuando te divertiste sin restricciones, o cuando actuaste de acuerdo con tu intuición.

2. **Escribe un manifiesto de autenticidad**
   Escribe un manifiesto en el que te comprometas a vivir de manera más auténtica. Puede incluir promesas como: "Me permitiré ser vulnerable", "Dejaré de seguir las expectativas ajenas", o "Me conectaré con mi niño interior cada día".

3. **Identifica las áreas donde usas máscaras**
   Haz una lista de situaciones en las que sientes que te pones una máscara, como en el trabajo, con amigos o en familia. ¿Qué te impide ser auténtico en esas situaciones? ¿Cómo puedes empezar a ser más fiel a ti mismo en esos momentos?

4. **Crea un plan para abrazar tu autenticidad**
   Establece pasos prácticos para ser más auténtico. Esto puede incluir hablar desde el corazón, tomar decisiones sin temor al juicio, o rodearte de personas que te acepten tal como eres.

La autenticidad es una de las claves para vivir plenamente. A través de la conexión con nuestro niño interior, podemos liberarnos de las máscaras sociales que nos limitan y abrazar quiénes somos realmente. Vivir auténticamente no solo nos permite ser más felices y libres, sino que también nos acerca a nuestra esencia más pura y nos ayuda a encontrar paz en un mundo que a menudo nos pide que seamos algo que no somos. Al honrar a nuestro niño interior, nos reconectamos con nuestra verdad y podemos vivir de manera más genuina y satisfactoria.

CAPÍTULO 26
La Contribución del Niño Interior a la Vida Profesional

Este capítulo tiene como propósito ayudarte a descubrir cómo tu niño interior puede enriquecer tu vida profesional. A menudo olvidamos que la creatividad, el entusiasmo y la conexión genuina que experimentábamos en nuestra niñez pueden ser potentes herramientas en nuestro trabajo actual. Conectar con nuestro niño interior no solo nos ayuda a encontrar satisfacción en lo que hacemos, sino también a desbloquear nuevas formas de abordar los desafíos profesionales.

El impacto del Niño Interior en la carrera: como las experiencias infantiles pueden influir en nuestras elecciones profesionales

Las experiencias de la infancia pueden dejar huellas profundas en nuestra forma de relacionarnos con el trabajo y las expectativas laborales. En muchos casos, nuestras elecciones profesionales están influenciadas por la manera en que nos sentimos valorados o apoyados cuando éramos niños. Si crecimos en un entorno donde la creatividad o el juego eran alentados, es probable que busquemos una carrera que nos permita expresarnos de manera creativa. Por otro lado, si nuestras experiencias estuvieron más orientadas a la disciplina y el logro, podríamos inclinarnos hacia profesiones que requieran enfoque y dedicación.

El niño interior guarda en su memoria la sensación de asombro y la capacidad de soñar en grande, dos cualidades que pueden transformar nuestra vida profesional. Si dejamos de lado esas experiencias, podemos perder de vista lo que realmente nos motiva en el trabajo, lo que puede llevar a elegir caminos que no están alineados con nuestra verdadera esencia.

Párate un momento y piensa en t Tómate un momento para reflexionar sobre tu primera elección profesional o en el trabajo que soñabas tener de niño. ¿Cómo se conecta eso con lo que haces ahora? ¿Existe algún vínculo entre tu carrera actual y esa pasión o curiosidad que tenías en la infancia? Estas reflexiones pueden ayudarte a redescubrir lo que realmente te inspira en tu carrera y a recuperar esos sueños perdidos.

Fomentar la creatividad en el trabajo: Estrategias para integrar el juego y la creatividad en la vida laboral

Cuando somos niños, el juego es una parte fundamental de nuestro aprendizaje y desarrollo. Sin embargo, a medida que avanzamos en nuestras carreras, el juego suele quedar en segundo plano, reemplazado por responsabilidades, plazos y expectativas. No obstante, la creatividad que se cultiva a través del juego es esencial para fomentar la innovación y la resolución de problemas en el trabajo. Si bien el ambiente laboral puede parecer serio, hay muchas formas de integrar el juego y la creatividad para mejorar nuestro rendimiento y bienestar.

Algunas estrategias para fomentar la creatividad en el trabajo incluyen:

1. **Incorporar tiempo para la creatividad:** Así como los niños necesitan tiempo para jugar, los adultos requieren tiempo para pensar de manera creativa. Haz espacio en tu calendario para actividades que te permitan explorar nuevas ideas sin la presión de resultados inmediatos. Esto puede incluir brainstorming, proyectos personales relacionados con tu campo, o incluso actividades creativas como la escritura o el dibujo.

2. **Romper con la rutina habitual:** A veces, la mejor manera de fomentar la creatividad es salir de la rutina diaria. Esto puede implicar cambiar el entorno de trabajo, reorganizar tu escritorio, o incluso cambiar tu horario de trabajo para experimentar cómo afectan estas alteraciones a tu creatividad.

3. **Adoptar un enfoque lúdico para resolver problemas:** En lugar de abordar los problemas de manera estricta, trata de jugar con diferentes enfoques para encontrar soluciones. Desarrolla la mentalidad de un niño que se atreve a probar cosas nuevas sin miedo al fracaso. Esto puede ayudarte a descubrir soluciones innovadoras que de otro modo habrías pasado por alto.

4. **Fomentar la colaboración creativa:** Los niños aprenden y se divierten colaborando con otros. Puedes promover un ambiente creativo en el trabajo al involucrar a tus colegas en dinámicas de colaboración donde todos tengan espacio para compartir ideas sin temor al juicio.

5. **Aceptar la imperfección:** El miedo a cometer errores a menudo bloquea la creatividad. Los niños, en cambio, no temen equivocarse; ven los errores como oportunidades de aprendizaje. En el trabajo, permítete cometer errores y aprender de ellos, en lugar de buscar la perfección todo el tiempo.

Piensa en una situación reciente en la que te sentiste bloqueado o atrapado en una rutina en tu trabajo. ¿Cómo podrías aplicar un enfoque más juguetón o creativo para resolver ese problema? ¿Qué prácticas de creatividad podrías implementar en tu vida laboral diaria para que el proceso de trabajo sea más placentero y estimulante?

Ejercicio: Reflexionar sobre como el Niño Interior puede ser una fuente de inspiración en la carrera

Objetivo: Este ejercicio tiene como finalidad que reconozcas cómo el niño interior puede ser una fuente de inspiración en tu carrera, ayudándote a conectar con tus pasiones, creatividad y visión. La idea es que puedas traer esas cualidades al trabajo para mejorar tu experiencia profesional.

Instrucciones:
1. **Recuerda tus momentos de alegría en la infancia**
   Piensa en aquellos momentos en los que te sentías verdaderamente feliz y en paz cuando durante tu infancia. ¿Qué actividades te brindaban satisfacción y plenitud? Reflexiona sobre cómo puedes traer esa alegría y entusiasmo a tu vida profesional.

2. **Identifica tus miedos y barreras profesionales**
   Es posible que tu niño interior aún cargue con ciertos miedos relacionados con el rechazo, el fracaso o la inseguridad profesional. haz una lista de las creencias limitantes que sientes que afectan tu desempeño laboral. Luego, imagina cómo tu niño interior enfrentaría esos temores con valentía y curiosidad.

3. **Redescubre tu fuente de creatividad**
   Los niños poseen una increíble capacidad para imaginar. Piensa en un proyecto o tarea que te entusiasme, y pregunta a tu niño interior

cómo resolvería ese reto de una manera creativa. Usa su perspectiva fresca e inocente para abordar tareas difíciles con una mente abierta.

4. **Cultiva el sentido de asombro**
   Como niños, todo nos parecía nuevo y fascinante. Intenta encontrar asombro y gratitud en las pequeñas cosas del trabajo. Haz una lista de tres aspectos de tu trabajo que te sorprendan o que nunca habías notado antes. Estos momentos pueden ayudarte a reconectar con tu vocación y a experimentar mayor satisfacción profesional.

5. **Desafía a tu Niño Interior a ser audaz:**
   Realiza hoy una acción en el trabajo que tu niño interior consideraría valiente o divertida. Puede ser hablar en una reunión, compartir una idea innovadora o simplemente tomarte un descanso para hacer algo diferente. Sal de la rutina y permite que la espontaneidad forme parte de tu día.

6. **Visualiza tu futuro profesional**
   Cierra los ojos y visualiza tu carrera desde la perspectiva de tu niño interior. ¿Cómo te gustaría que fuera tu vida profesional dentro de 5 o 10 años? ¿Qué papel juega tu niño interior en esa visión? Reflexiona sobre cómo puedes integrar más de esa visión en tu día a día.

Conectar con nuestro niño interior en el ámbito profesional nos lleva a una mayor autenticidad, creatividad y plenitud en el trabajo. Al permitir que esa parte genuina y sin restricciones se exprese, podemos potenciar nuestra productividad, generar nuevas ideas y sentirnos más realizados. Cuando integramos a nuestro niño interior en nuestra carrera, no solo encontramos satisfacción, sino también una conexión más profunda con nuestro propósito y con quienes nos rodean.

Este capítulo te invita a redescubrir la magia que los niños abordan el aprendizaje y los desafíos, y a permitirte, como adulto, experimentar esa misma alegría, creatividad y valentía en tu vida profesional.

CAPÍTULO 27
La Celebración del Niño Interior

Este capítulo está dedicado a la importancia de celebrar la vida, los logros y los momentos significativos que contribuyen a nuestra felicidad y bienestar. Dentro de cada uno de nosotros vive un niño interior que merece ser reconocido y celebrado, pues encarna la alegría, la espontaneidad y la creatividad que, con el tiempo, a menudo se desvanecen. Al darle espacio a nuestro niño interior, nos permitimos disfrutar más, sentir gratitud por lo que hemos alcanzado y regresar a la autenticidad y sencillez de nuestro ser esencial.

La importancia de celebrar: Reconocer y celebrar los logros y momentos significativos de la vida

Celebrar no implica únicamente grandes eventos o hitos importantes; también se trata de honrar los momentos pequeños y significativos que dan forma a nuestra vida diaria. El niño interior se nutre de la alegría genuina y del reconocimiento, y celebrarlo es un acto poderoso de auto aprecio. Es fundamental recordar que cada paso en nuestro camino, cada logro, por insignificante que parezca, tiene un valor propio.

Con frecuencia, estamos tan enfocados en las metas futuras o en aquello que aún nos falta por alcanzar, que olvidamos detenernos a celebrar lo que ya hemos logrado. Esto puede generar una desconexión con nuestro niño interior, que vive en el presente y encuentra placer en las pequeñas cosas. La celebración nos recuerda el valor de las experiencias pasadas y nos motiva a seguir adelante con más entusiasmo.

Te invito a hacer una lista de los logros que has alcanzado en el último año, por pequeños que sean. ¿Qué emociones surgen al reconocerlos? ¿Hay algo que hayas logrado y que nunca te habías detenido a celebrar? Celebrar no siempre requiere de grandes gestos; a veces, basta con tomarse un momento para sonreír, sentir gratitud y reconocer todo lo que has conseguido en tu camino.

Rituales de celebración: Ideas para crear rituales que honren al Niño Interior y su alegría

Los rituales de celebración nos permiten marcar momentos especiales y conectar con nuestra esencia más profunda. Pueden ser prácticas sencillas o grandes tradiciones, pero lo más importante es que reflejen nuestra conexión con el niño interior y con la alegría genuina que este representa. Al incorporar estos rituales en nuestra vida, mantenemos viva la energía lúdica y creativa que el niño interior nos brinda.

A continuación, te comparto algunas ideas de rituales que puedes incorporar para honrar a tu niño interior:

1. **Fiestas temáticas del Niño Interior**
   Organiza una reunión en la que te conectes con actividades que te traigan alegría, como pintar, jugar juegos de mesa o realizar cualquier pasatiempo que disfrutabas en la infancia. No importa la edad que tengas, tu niño interior se sentirá feliz al revivir estos momentos de diversión.

2. **Crear un espacio de alegría en casa**
   Dedica un rincón de tu hogar exclusivamente a tu niño interior. Llénalo con fotos, recuerdos o elementos que te hagan sentir bien. Puede ser un lugar donde te relajes y disfrutes de placeres sencillos, como escuchar música, leer o dibujar.

3. **Celebrar las pequeñas victorias**
   Cada logro, por pequeño que sea, merece reconocimiento. Crea un gesto simbólico para celebrarlo: date un aplauso, baila unos minutos o enciende una vela como símbolo de gratitud. Estos pequeños rituales refuerzan la autoestima y la motivación.

4. **Rituales de gratitud**
   Dedica unos minutos al final del día para agradecer por las cosas que te hicieron sentir bien. Puedes escribirlos en un diario o simplemente reflexionar sobre ellos. El niño interior prospera cuando le permitimos enfocarse en lo positivo.

5. **Recuerda los cumpleaños y fechas especiales**
   No te límites a celebrar solo tu cumpleaños, sino también aquellos momentos especiales de tu vida que marcaron un cambio o una gran

lección. Puedes crear una tradición de celebrarlos cada año con algo que te haga sentir bien y en conexión con tu niño interior.

6. **Jugar en la naturaleza**
   Sal a disfrutar del aire libre y la naturaleza, ya sea dando un paseo por el parque, corriendo o simplemente siéntate en el césped. La conexión con la naturaleza es una manera excelente de liberar la mente y dar espacio al niño interior para jugar.

Piensa en un ritual que te gustaría incorporar a tu vida. ¿Cómo puedes crear un ritual que celebre tu niño interior? ¿Qué actividades te generan alegría y satisfacción, y cómo puedes hacer de ellas una tradición en tu vida? Los rituales tienen un poder transformador, ya que son actos conscientes que nos conectan con lo más profundo de nuestro ser.

Ejercicio: Planificar una celebración personal que incorpore elementos del niño interior
Objetivo:
Este ejercicio tiene como propósito ayudarte a diseñar una celebración personal que no solo honre tus logros, sino que también integre elementos de tu niño interior. La idea es invitar la diversión, la alegría y la gratitud a tu vida.

Instrucciones:
1. **Elige una ocasión para celebrar**
   Puede ser un logro reciente, un aniversario personal, un cumpleaños o simplemente una celebración por el bienestar. Si no tienes una fecha en mente, elige hoy mismo como un día para celebrar tu vida.

2. **Define el enfoque de tu celebración**
   Reflexiona sobre lo que te haría sentir feliz y emocionado. ¿Hay algo que de niño disfrutabas hacer y que te gustaría revivir? Puede ser algo simple como hacer una actividad creativa, cantar, bailar, o incluso comer tu comida favorita.

3. **Crea el ambiente**
   Elige un espacio cómodo y acogedor para tu celebración. Asegúrate de que esté libre de distracciones y sea un espacio donde puedas relajarte y disfrutar sin presiones.

4. **Invita a tu Niño Interior**
   Cierra los ojos por un momento y recuerda las cosas que te hacían sentir pleno y alegre cuando eras niño. Trata de traer esa misma

energía a tu celebración. Si tienes alguna actividad que te gustaba hacer de niño, hazla hoy como parte de tu celebración.

5. **Incorpora elementos divertidos y espontáneos**
La celebración debe incluir algo que te haga reír o sentirte libre. Puede ser una película de tu infancia, un juego que te haga sonreír, o simplemente bailar sin preocuparte por nada más.

6. **Reflexiona al final**
Cuando termine tu celebración, tómate un momento para agradecerte por permitirte vivir ese momento de alegría. Reflexiona sobre cómo te has sentido y qué parte de ti ha resurgido en este proceso de celebración.

Celebrar es un acto de amor propio. Al integrar rituales de celebración que honren al niño interior, te permites disfrutar de la vida de una manera auténtica y plena. El niño interior no solo está presente en los momentos de diversión y alegría, sino también en los momentos de crecimiento y logro. Al celebrar lo que eres y lo que has alcanzado, reconectas con lo más profundo de ti mismo, creando un espacio para el gozo y la gratitud.

La Importancia de celebrar

Celebrar es un recordatorio de que estamos vivos y que la vida misma es un regalo. Cada paso en nuestro camino tiene un valor y merece ser reconocido. Sin embargo, a menudo, nos enfocamos en las dificultades o en lo que aún no hemos alcanzado, pero la celebración nos ayuda a mirar atrás y ver lo que hemos logrado y cómo hemos crecido. Es un acto de autocompasión y autoaceptación que nos da energía para seguir adelante con un corazón lleno de gratitud.

Al celebrar, le enviamos un mensaje de reconocimiento y amor a nuestro niño interior. Le decimos que es visto, apreciado y valioso. El niño interior es esa parte de nosotros que busca la alegría, la conexión y el asombro en lo cotidiano. Celebrar lo que el niño interior trae a nuestra vida es honrar su capacidad para ver el mundo con ojos frescos, sin juicios ni expectativas, solo con la curiosidad y la maravilla que viene con la infancia.

Piensa en momentos de tu niñez en los que experimentaste una profunda felicidad o satisfacción. ¿Cómo podrías recrear esa sensación en tu vida actual? ¿De qué manera podrías reconocer y celebrar lo que has logrado hasta ahora desde la perspectiva de tu niño interior?

Rituales de celebración

Los rituales no solo nos ayudan a reconocer nuestros logros, sino que también crean espacio para la diversión y el disfrute. Al integrar rituales de celebración en nuestra vida diaria, transformamos lo ordinario en algo especial, reconociendo que cada día tiene el potencial de ser una celebración. Los rituales actúan como puntos de anclaje que nos conectan con nuestras emociones y nos permiten expresar gratitud, gozo y emoción.

Estos rituales actúan como anclajes emocionales que nos permiten expresar gozo, gratitud y emoción. No necesitan ser complicados ni costosos; lo importante es que sean significativos para ti y reflejen lo que te hace sentir paz y felicidad. Puedes realizarlos en solitario o compartirlos con seres queridos. Lo esencial es la intención con la que los llevas a cabo, pues cuando celebramos con propósito, la experiencia se vuelve profundamente transformadora.

Algunos rituales pueden estar vinculados a eventos o fechas específicas, pero también pueden ser espontáneos. La espontaneidad tiene un lugar especial en los rituales del niño interior, ya que representa la libertad de actuar según la inspiración y la alegría del momento. El niño interior se alimenta de lo inesperado, de la sorpresa y del juego sin restricciones.

Piensa en un ritual que te haga sentir libre y feliz. ¿Qué actividades pueden ayudarte a conectar con tu esencia más pura y celebrar lo que eres? ¿Qué harías para asegurarte de que este ritual sea divertido, ligero y lleno de alegría?

Ejercicio: Planificar una celebración personal
Objetivo:
Este ejercicio te invita a planificar una celebración auténtica que te permita honrar a tu niño interior y brindarte un espacio de alegría y gratitud. La celebración es una forma de cerrar ciclos, agradecer por lo vivido y abrir la puerta a nuevas experiencias.

Instrucciones adicionales:
1. **Establece el propósito de la celebración**
   Decide qué deseas celebrar en esta ocasión. ¿Es una victoria personal? ¿Es un hito importante en tu vida? ¿O simplemente una oportunidad para conectar contigo mismo y disfrutar del presente?

2. **Elige una actividad que resuene con tu Niño Interior**
   Piensa en actividades que de niño te llenaban de alegría. ¿Te gustaba pintar? ¿Bailar? ¿Jugar en la naturaleza? Estas actividades tienen

el poder de desbloquear esa energía creativa y lúdica dentro de ti. Considera incorporarlas en tu celebración.

3. **Hazlo especial**

   La celebración no tiene que ser algo complicado ni costoso, pero darle un toque especial puede hacer que el momento se sienta único. Puedes decorar el espacio, preparar una comida especial o simplemente elegir ropa que te haga sentir cómodo y feliz.

4. **Involucra a otros si lo deseas**

   Si te gustaría compartir la celebración, invita a personas que te apoyen y celebren tu ser auténtico. Puede ser un pequeño encuentro para compartir una comida, un juego o incluso un momento de silencio y conexión.

5. **Deja espacio para la espontaneidad**

   Aunque planees la celebración, no olvides dejar espacio para la sorpresa y la improvisación. La naturaleza del niño interior es espontánea y disfruta de lo inesperado, así que permite que surjan momentos de diversión y asombro.

6. **Conclusión de la celebración**

   Al final de la celebración, toma un momento para reflexionar sobre la experiencia. ¿Cómo te sentiste? ¿Hubo algo que te sorprendió o que te hizo sentir especialmente bien? Agradece a tu niño interior por traerte a este momento de disfrute y reflexión. Recuerda que las celebraciones no solo son para ocasiones especiales, sino para ser celebradas con regularidad en tu vida.

El acto de celebrar es un recordatorio de la belleza de la vida y de lo que hemos experimentado hasta el momento. Al honrar a nuestro niño interior a través de rituales y celebraciones, podemos recordar lo importante que es disfrutar del viaje, sin importar cuán grande o pequeño sea. El niño interior tiene una habilidad única para encontrar alegría en los detalles cotidianos, y al celebrarlo, nos reconectamos con esa capacidad de ver el mundo con ojos de asombro y gratitud.

Celebrar, no es solo un acto externo, sino una experiencia interna que nutre el alma. Cuando lo hacemos con frecuencia, cultivamos una mentalidad de gratitud, aprecio y alegría, que no solo nos beneficia a nosotros, sino que también eleva a quienes nos rodean. Al honrar a nuestro niño interior, podemos vivir con más libertad, creatividad y autenticidad, recordando que cada momento es una oportunidad para celebrar la vida tal como es.

RECOMENDACIONES

Estos consejos prácticos te ayudarán a fortalecer y mantener la conexión con tu niño interior, promoviendo la sanación y el crecimiento personal:

1. **Reserva tiempo para jugar**

El juego no solo es para niños; también es un bálsamo para el alma. Dedica tiempo a actividades que despierten tu curiosidad y te hagan sentir vivo.

Ideas:
- Organiza un día creativo con pinturas, plastilina o cualquier material artístico.
- Haz algo espontáneo, como bailar bajo la lluvia o saltar en charcos.
- Redescubre juegos de tu infancia como el escondite, la cuerda o juegos de mesa.

Reflexión: El juego nos recuerda que la vida no siempre tiene que ser seria. Nos conecta con la ligereza y el disfrute.

2. **Practica la autocompasión**

Hablar contigo mismo con amabilidad puede cambiar tu perspectiva de vida. Usa frases afirmativas y amorosas.

- **En lugar de decir:** "Soy un fracaso".
- **Di:** "Estoy aprendiendo y eso es valioso".

Ejercicio: Escribe una carta a ti mismo desde la perspectiva de un amigo cariñoso. Resalta tus fortalezas y celebra tus logros.

3. **Escucha a tu Niño Interior**

Este ejercicio puede ser muy poderoso.

- Encuentra un lugar tranquilo.
- Cierra los ojos, respira profundamente y visualiza a tu niño interior.
- Pregúntale: *"¿Cómo te sientes hoy? ¿Qué necesitas?»*
- Escribe las respuestas en un diario.

Beneficio: Te ayuda a estar en sintonía con tus emociones más profundas.

4. Fomenta la Creatividad

La creatividad es una puerta a la expresión auténtica. Prueba algo nuevo o redescubre un pasatiempo olvidado.

- Aprende una nueva habilidad: tocar un instrumento, escribir cuentos o cocinar recetas innovadoras.
- Dedica un espacio en casa para actividades creativas, decorándolo con colores y elementos que te inspiren.

Reflexión: La creatividad no necesita un resultado perfecto, solo que te permitas explorar y disfrutar el proceso.

5. Escribe un diario del Niño Interior

Llevar un diario te permite procesar emociones y recuerdos. Algunas ideas:

- Escribe sobre momentos felices de tu infancia.
- Reflexiona sobre experiencias difíciles y cómo las has superado.
- Escribe cartas a tu niño interior, ofreciéndole apoyo y amor.

Tip: Usa colores, dibujos o pegatinas en el diario para que refleje esa esencia infantil.

6. Encuentra alegría en lo simple

La belleza está en lo cotidiano:

- Camina descalzo sobre el césped.
- Mira el cielo estrellado.
- Ríe a carcajadas con un amigo o ser querido.

Práctica diaria: Antes de dormir, escribe tres cosas simples que te hicieron feliz durante el día.

7. Establece límites saludables

Aprender a decir "no" sin culpa es clave para proteger tu bienestar emocional.

- Define tus prioridades y respétalas.
- Rodéate de personas que valoren y respeten tus límites.

Ejemplo: Si alguien te pide algo que te sobrecarga, responde con empatía: *"Me encantaría ayudarte, pero ahora mismo necesito tiempo para mí"*.

8. **Cuida tu cuerpo**

El bienestar físico y emocional están conectados:

- Practica ejercicios que disfrutes, como yoga, baile o natación.
- Aliméntate con comidas nutritivas y placenteras.
- Duerme lo suficiente y crea una rutina nocturna relajante.

Tip: Imagina que estás cuidando de un niño al tomar decisiones sobre tu salud.

9. **Busca apoyo**

Reconectar con tu niño interior puede remover emociones profundas. Está bien pedir ayuda.

- Encuentra un terapeuta especializado en sanación infantil.
- Únete a grupos de apoyo o talleres sobre el niño interior.
- Habla con amigos o familiares de confianza sobre tus experiencias.

Recuerda: La sanación compartida suele ser más ligera.

10. **Celebra tu progreso**

Cada pequeño paso es significativo.

- Crea un "frasco de logros": escribe tus avances en papelitos y colócalos en un frasco.
- Celebra con pequeños rituales, como encender una vela, hacer una meditación o darte un regalo simbólico.

Reconocer tu esfuerzo refuerza tu compromiso contigo mismo.

Reflexión Final

Mantener la conexión con tu niño interior es un acto de amor constante. No importa si algunos días son más difíciles que otros; lo esencial es que sigues avanzando. A través de esta relación, no solo sanas heridas del pasado, sino que también construyes una vida más auténtica y plena.

Tu niño interior es tu aliado, tu guía y tu fuente inagotable de alegría. ¡Sigue cuidándolo!

CONCLUSIÓN

Al llegar al final de este libro, te invito a hacer una pausa, respirar profundamente y reconocer el valiente paso que has dado hacia la sanación y el autodescubrimiento. Este viaje que hemos compartido no es un cierre definitivo, sino el comienzo de una relación profunda y amorosa contigo mismo, con esa parte esencial que es tu niño interior.

Tu niño interior no es solo un recuerdo del pasado, sino una chispa viva dentro de ti, portadora de pureza, creatividad y amor incondicional. A lo largo de este proceso, has aprendido a mirarlo con ternura, a escuchar sus necesidades y a honrarlo como el guardián de tu esencia más auténtica.

La sanación no es una línea recta ni un destino final, sino una danza constante entre la vulnerabilidad y la fortaleza, entre las lágrimas que liberan y las sonrisas que transforman. Has iniciado un camino donde cada momento, por pequeño que parezca, es una oportunidad para reconectar con la alegría, la inocencia y la curiosidad que siempre han vivido en ti.

Recuerda que los momentos de caos, duda o frustración no son barreras, sino invitaciones a regresar a ese espacio seguro dentro de ti. Allí, en el refugio de tu niño interior, encontrarás la paz y el amor que necesitas para seguir adelante.

Continúa el Viaje

- Practica la autocompasión. Sé amable contigo mismo en los días difíciles.
- Celebra tus pequeños avances, porque cada paso cuenta.
- Permítete jugar, crear y soñar sin restricciones.
- Busca apoyo cuando lo necesites; no estás solo en este camino.

La vida está llena de momentos para seguir creciendo, sanando y descubriendo nuevas facetas de tu ser. Que este libro sea una guía, un recordatorio de que dentro de ti existe una fuente infinita de amor y luz.

Te dejo con estas palabras como una invitación: **nunca dejes de escuchar a tu niño interior. Él tiene mucho que decirte y enseñarte.**

Gracias por abrir tu corazón a este proceso y por permitirte transformar desde adentro. Que la luz de tu niño interior ilumine siempre tu camino, guiándote hacia una vida plena, auténtica y llena de amor.

Con gratitud y cariño,
Yolanda Rodríguez-Villagómez

APÉNDICE

1. Meditaciones Guiadas para Conectar con el Niño Interior

La meditación es una herramienta poderosa para profundizar en la conexión con nuestro niño interior. Estas prácticas pueden ayudarnos a liberar bloqueos emocionales, sanar heridas del pasado y crear un espacio seguro donde nuestro niño interior pueda expresarse y sentirse amado. A continuación, te comparto algunas meditaciones guiadas recomendadas para este propósito:

- **Meditación de Reencuentro con el Niño Interior**
  Siéntate en un lugar tranquilo y cierra los ojos. Imagina que viajas a un espacio en tu corazón donde se encuentra tu niño interior. Visualiza su rostro, cómo se ve y qué emociones transmite. Permítete hablar con él o ella, escuchar sus necesidades y ofrecerle el amor y cuidado que siempre mereció. Siente cómo esta conexión te llena de paz y ternura.

- **Meditación de Sanación de las Heridas del Niño Interior**
  En esta meditación, enfócate en una herida o dolor específico de tu infancia. Visualiza este dolor como una sombra o bloque energético que necesitas liberar. Mientras te concentras en él, imagina que rodeas esa herida con luz y compasión. Permítete sanar, dejando ir el dolor del pasado y permitiendo que tu niño interior sienta el amor y la seguridad que necesita.

- **Meditación de Integración del Niño Interior**
  A medida que avanzas en tu proceso de sanación, es importante integrar a tu niño interior en tu vida adulta. En esta meditación, imagina que abrazas a tu niño interior y lo llevas contigo en tu día a día. Siente cómo su alegría, creatividad y espontaneidad se funden en tu ser, trayendo un nuevo nivel de paz y bienestar.

2. Lecturas Recomendadas y Recursos de Apoyo

Para profundizar en el trabajo con el niño interior y el proceso de sanación, existen numerosos recursos que pueden ser de gran ayuda. A continuación, te comparto algunas lecturas recomendadas y otros materiales complementarios:

- **"El Niño Interior" de John Bradshaw**
  Es una obra clásica en el campo de la sanación del niño interior. Bradshaw explora cómo las heridas de la infancia afectan nuestra vida adulta y nos muestra el camino para sanarlas, permitiéndonos vivir de manera más plena.

- **"Sanar al Niño Interior" de Charles L. Whitfield**
  Con un enfoque claro y accesible, Whitfield ofrece ejercicios prácticos y reflexiones profundas para ayudarnos a sanar y reencontrar nuestra paz interior.

- **"La Voz de tu Alma" de Lain García Calvo**
  Un libro que enfatiza la importancia de conectar con nuestro ser interior y cómo la sanación emocional nos permite vivir con mayor autenticidad.

- **Recursos en línea**
  Existen numerosos podcasts, videos, y foros en línea dedicados a la sanación del niño interior. Algunos sitios web y canales de YouTube ofrecen meditaciones guiadas, talleres y entrevistas con expertos en el tema.

- **Grupos de Apoyo y Terapia**
  Participar en un grupo de apoyo o en terapia con un profesional especializado en sanación del niño interior puede ser muy beneficioso. Un terapeuta con experiencia en trauma infantil y sanación emocional puede ayudarte a profundizar en este proceso y fortalecer tu conexión con tu niño interior.

3. Frases y Afirmaciones para Nutrir al Niño Interior

Las afirmaciones son una herramienta poderosa para transformar patrones de pensamiento negativos y promover la sanación emocional. Al nutrir a nuestro niño interior con afirmaciones, le brindamos amor, compasión y apoyo. Aquí tienes algunas afirmaciones recomendadas:

- "Soy digno/a de amor y cuidado, y mi niño interior merece ser escuchado y amado."
- "Mi niño interior es valioso y siempre será una parte fundamental de mi ser."
- "Abrazar mi niño interior me conecta con mi autenticidad, alegría y creatividad."
- "Soy capaz de sanar las heridas del pasado y ofrecerme a mí mismo/a amor y compasión."
- "Mi niño interior tiene el derecho de expresar sus emociones, y yo lo apoyo con amor y paciencia."
- "Me libero de las cargas del pasado y permito que mi niño interior se sienta seguro/a, amado/a y cuidado/a."
- "A medida que cuido a mi niño interior, mi vida se llena de paz, amor y creatividad."

Estas frases pueden repetirse diariamente como un recordatorio constante de que nuestro niño interior merece amor y cuidado. Siempre está presente, esperando ser escuchado y abrazado en cada momento de la vida.

BIBLIOGRAFÍA

A continuación, se presenta una lista de las fuentes que han sido consultadas o que han servido como inspiración durante la creación de este libro. La bibliografía puede ser útil para aquellos lectores que deseen profundizar más en los temas tratados.

1. Branden, Nathaniel. *El Poder de la Autoestima.* Editorial Granica, 1995.
   - Este libro fue fundamental para comprender cómo la autoestima está ligada al proceso de sanación del niño interior y cómo las creencias limitantes afectan nuestro desarrollo emocional.

2. Gendlin, Eugene. *La Experiencia y la Psicoterapia.* Editorial Herder, 1996.
   - Gendlin ofrece una perspectiva profunda sobre la importancia de las sensaciones corporales y cómo estas se vinculan a la reconexión con las emociones del niño interior.

3. Hughes, Robert. *El Niño Interior: Cómo Encontrarlo, Sanarlo y Crecer con Él.* Editorial Urano, 2002.
   - Un texto esencial que explora los métodos prácticos para sanar y nutrir al niño interior, con ejercicios terapéuticos para integrar esta parte olvidada de uno mismo.

4. Neff, Kristin. *Autocompasión: El poder de ser amable contigo mismo.* Editorial RBA, 2015.
   - Este libro nos enseña sobre la importancia de la autocompasión en el proceso de sanación emocional y en el cuidado del niño interior.

5. Hellinger, Bert. *La Sanación del Niño Interior: Liberación y Paz a Través de las Constelaciones Familiares.* Editorial Kairós, 2010.
   - Hellinger introduce el concepto de las constelaciones familiares y cómo las dinámicas familiares afectan la relación con nuestro niño interior.

6. Lazos, Silvia. *La Sabiduría del Niño Interior: Un Camino hacia la Sanación Emocional.* Editorial Planeta, 2018.
   - Un enfoque moderno sobre cómo el trabajo con el niño interior puede ayudarnos a sanar heridas emocionales y lograr el equilibrio en nuestras vidas.

7. Satir, Virginia. *La Terapia Familiar Experiencial.* Editorial Gedisa, 1988.
   - Satir, con su enfoque en la terapia familiar, profundiza en la importancia de sanar las relaciones con los padres y cómo esto repercute en la sanación del niño interior.

8. Dyer, Wayne. *Tus Zonas Erróneas.* Editorial Vergara, 2000.
   - Este libro fue clave para entender cómo las creencias y los patrones de comportamiento adquiridos en la infancia pueden influir en la vida adulta, y cómo podemos liberarnos de ellos.

9. Chödrön, Pema. *Cuando Todo Se Derrumba: Palabras de Sabiduría para los Momentos Difíciles.* Editorial Kairós, 2007.
   - Chödrön ofrece una reflexión profunda sobre cómo la aceptación de nuestras vulnerabilidades, incluida nuestra parte infantil, puede abrir las puertas a la paz interior.

10. Van der Kolk, Bessel. *El Cuerpo Lleva la Cuenta: Cerebro, Mente y el Cuerpo en la Sanación del Trauma.* Editorial Kairós, 2014.
    - Este libro profundiza en la conexión entre el cuerpo y las emociones, y cómo los traumas de la infancia se manifiestan en el cuerpo, influyendo en el proceso de sanación del niño interior.

Estas obras proporcionan una base sólida para comprender los temas tratados en este libro y pueden ser una fuente de inspiración adicional para los lectores interesados en seguir explorando el poder transformador de la reconexión con el niño interior.

ACERCA DEL AUTOR

Yolanda Rodríguez-Villagómez nació el 21 de septiembre de 1963 en Bucaramanga, Colombia. Criada en una familia tradicional con padres y cuatro hermanos, siendo la única mujer y la más joven, su infancia estuvo marcada por experiencias profundas que dejaron una huella significativa en su vida.

Desde temprana edad, Yolanda vivió eventos que desafiaban la lógica, como una visión de Jesús de Nazareth a los cinco años, la cual no fue comprendida ni aceptada por su familia. A los seis años, vivió una serie de intentos de secuestro, siendo finalmente secuestrada y llevada a un lugar desconocido donde, tras escuchar la voz de un guía espiritual, logró escapar saltando por una ventana y corriendo hasta la casa de su abuela. Estos sucesos fueron sólo el comienzo de un recorrido lleno de desafíos y lecciones de vida.

A lo largo de su vida, Yolanda trabajó en bancos nacionales e internacionales en la ciudad, enfrentando múltiples pruebas que no comprendía en su totalidad. Aunque su vida seguía una senda materialista, sin cuestionarse profundamente sobre su propósito o bienestar emocional, una chispa de despertar comenzó a encenderse en su interior.

Su vida cambió radicalmente cuando, ya en los Estados Unidos, escuchó el *Padre Nuestro* en arameo, una experiencia que la llevó a una profunda reflexión y a un despertar espiritual. Fue entonces cuando descubrió la importancia del niño interior, entendiendo que somos almas eternas con cuerpos energéticos que requieren equilibrio emocional para sanar. Yolanda comprendió que somos responsables de nuestras emociones y pensamientos, y que, al elevar nuestra vibración, podemos transformar nuestra realidad.

Este despertar espiritual fue el catalizador para una transformación personal profunda. Yolanda entendió que solo ella tenía el poder de cambiar su vida y crear su propio destino. Con este conocimiento, decidió compartir su experiencia y su sabiduría a través de este libro, con la esperanza de que su mensaje pueda inspirar a otros a despertar su conciencia y trabajar en su sanación y crecimiento personal.

Hoy, Yolanda Rodríguez-Villagómez es una mujer comprometida con su propósito de ayudar a otros a reconectar con su niño interior, sanar sus emociones y vivir una vida plena y consciente. A través de este libro, desea dejar un legado de transformación y empoderamiento, animando a sus lectores a tomar el control de su destino y a vivir con autenticidad y amor.

COLOFÓN

Este libro ha sido diseñado con el propósito de ofrecer una experiencia enriquecedora y transformadora para el lector. Cada palabra, cada capítulo, ha sido cuidadosamente elaborado para brindar las herramientas necesarias para el despertar de conciencia y la sanación del niño interior. La edición ha sido realizada con esmero, buscando una presentación atractiva y accesible, que permita a los lectores sumergirse plenamente en el contenido y reflexionar sobre su propio proceso de autodescubrimiento.

El diseño gráfico y la maquetación de este libro han sido pensados para acompañar el viaje interior del lector, utilizando un formato claro y armonioso. La impresión de este ejemplar se ha llevado a cabo con materiales de alta calidad, garantizando una experiencia agradable y duradera.

Este trabajo no solo es una obra literaria, sino también un llamado a la acción, a la reflexión profunda y al cambio personal. Espero que este libro sea una herramienta valiosa para quienes buscan sanar, crecer y reconectar con su ser más auténtico.

Agradezco profundamente a todos los que han hecho posible este proyecto, y a ti, querido lector, por permitir que esta obra llegue a tus manos y a tu corazón.

Con amor y gratitud,
Yolanda Rodríguez-Villagómez

www.ingramcontent.com/pod-product-compliance
Lightning Source LLC
LaVergne TN
LVHW041708070526
838199LV00045B/1255